Christiane Gertsen, Gisbert Sauer



# Bausteine zum Erfolg

## Kaufleute für Büromanagement
## Prüfungsvorbereitung

## Abschlussprüfung Teil 1

1. Auflage, 1. korrigierter Nachdruck 2016

Bestellnummer 00500

Bildungsverlag EINS

Die in diesem Produkt gemachten Angaben zu Unternehmen (Namen, Internet- und E-Mail-Adressen, Handelsregistereintragungen, Bankverbindungen, Steuer-, Telefon- und Faxnummern und alle weiteren Angaben) sind i. d. R. fiktiv, d. h., sie stehen in keinem Zusammenhang mit einem real existierenden Unternehmen in der dargestellten oder einer ähnlichen Form. Dies gilt auch für alle Kunden, Lieferanten und sonstigen Geschäftspartner der Unternehmen wie z. B. Kreditinstitute, Versicherungsunternehmen und andere Dienstleistungsunternehmen. Ausschließlich zum Zwecke der Authentizität werden die Namen real existierender Unternehmen und z. B. im Fall von Kreditinstituten auch deren IBANs und BICs verwendet.

Die in diesem Werk aufgeführten Internetadressen sind auf dem Stand zum Zeitpunkt der Drucklegung. Die ständige Aktualität der Adressen kann vonseiten des Verlages nicht gewährleistet werden. Darüber hinaus übernimmt der Verlag keine Verantwortung für die Inhalte dieser Seiten.

**service@bv-1.de**
**www.bildungsverlag1.de**

Bildungsverlag EINS GmbH
Ettore-Bugatti-Straße 6-14, 51149 Köln

ISBN 978-3-427-**00500**-1

# Wie man dieses Buch benutzt

Wenn Sie dieses Vorwort lesen, ist wahrscheinlich der Termin der Abschlussprüfung zum/-r Kaufmann/-frau für Büromanagement in greifbare Nähe gerückt. Dieses Buch wird Sie bei Ihren Vorbereitungen zum ersten Teil der gestreckten Abschlussprüfung unterstützen. Es wird vorausgesetzt, dass Sie die Ausbildungsinhalte der ersten 15 Ausbildungsmonate kennen.

Alle Aufgaben orientieren sich am Stoffkatalog der AKA. Sie enthalten eine Auswahl der Themen. Dass die Aufgaben in dem einen oder anderen Fall schwieriger ausfallen, als es Sie möglicherweise in der Prüfung erwartet, ist unsere Absicht. Denn Sie sollen sich ja für die Prüfung fit und sicher fühlen. Die Aufgaben können Inhalte aus dem Wahlpflichtbereich enthalten.

Sie benötigen zur Bearbeitung unsere Datensammlung „Pruevo“, den Themenkatalog, die Formelsammlung in Excel, die DIN 5008 und ein Rechtschreibwörterbuch.

Die „Pruevo“ ist eine Datensammlung, die als Grundlage für die Aufgaben notwendig ist. Sie soll unnötiges Abschreiben verhindern und einen handlungssituativen Rahmen bilden. Diese Datensammlung basiert auf Office 2010 und wird Ihnen online durch BuchPlusWeb zur Verfügung gestellt.

Dieses Buch ist wie folgt aufgebaut:

Es umfasst insgesamt vier Prüfungsaufgaben (s. Daumenregister), die passend zum Thema der Aufgaben benannt sind. Die Prüfungsaufgaben heißen: Innovation Days, Ergonomie, Warenumsatzmeldung und Versand. Damit sind alle Aufgaben gleichwertig und gleich wichtig und können voneinander unabhängig bearbeitet werden.

Jede Prüfung umfasst drei Teile:

## Teil A: Grundsteinlegung

Teil A beginnt mit dem Kapitel „Hier geht's los“ mit allgemeinen Vorbemerkungen. Es folgt die Beschreibung der Gesamtsituation zu dieser Aufgabe. „Mittendrin“ beinhaltet die Teilaufgaben, die mit entsprechender Anwendersoftware zu lösen sind. Die Beschreibung der Gesamtsituation ist farbig hinterlegt. Im Kapitel „Steinzeug“ befinden sich die Materialien, die zur Lösung der Aufgabe nötig sind.

## Teil B: In Stein gemeißelt

Teil B enthält die Musterlösungen ohne weitere Erläuterungen.

## Teil C: Meilensteine und Stolpersteine

Teil C beschreibt detailliert mit weiterführenden Screenshots ausgewählte Lösungswege. Aufgrund unserer Erfahrungen im Unterricht haben wir uns auf spezielle Aspekte konzentriert.

Die **Meilensteine haben eine zentrale Bedeutung** und beinhalten Tipps und Tricks, die ein effektives Arbeiten ermöglichen sollen.

Die **Stolpersteine** weisen auf mögliche Fehler hin, die nach unserer Erfahrung häufig auftreten. Sie enthalten Tipps und Hinweise, wie Sie diese vermeiden können. Dabei legen wir Wert auf eine ökonomische und effektive Arbeitsweise.

Die Autoren

P. S. Ein Dank an Jana und Simone.

# Inhaltsverzeichnis

# Firmenbasics

## Das Unternehmen Prüvo GmbH stellt sich vor

Das Unternehmen Prüvo GmbH besteht seit 15 Jahren. Es wurde von den Gründern weiterentwickelt und dient der Vorbereitung der Abschlussprüfung. Deshalb folgt zunächst ein Auszug aus dem Firmenhandbuch, das die notwendigen Rahmendaten für die anstehenden Aufgaben bereithält.

Prüvo GmbH Büromöbel

### Firmen-Kontaktdaten

| | |
|---|---|
| Firma | Prüvo GmbH |
| Anschrift | Münchener Straße 7 – 11, 52062 Aachen |
| Telefon | 0241 5869-0 |
| Telefax | 0241 5869-444 |
| Internet | www.pruevo-gmbh.de |
| E-Mail | info@pruevo-gmbh.de |
| Bankverbindung | Sparkasse Aachen<br>BIC AACSDE33XXX<br>IBAN DE08 3905 0000 0152 3567 88 |
| USt-IdNr. | DE865945748 |
| Steuer-Nr. | 32/342/43768 |
| Handelsregister | Amtsgericht Aachen HRB 8894 |



### Mitarbeiter/-innen – Kontaktdaten

| Name | Durchwahlnummer | E-Mail-Adresse | Namenskürzel |
|---|---|---|---|
| Diamand, Dennis | 900 | diamand-datenschutz@pruevo-gmbh.de | dd |
| Eisenglanz, Erwin | 310 | eisenglanz-einkauf@pruevo-gmbh.de | eei |
| Erz, Elvira | 310 | erz-einkauf@pruevo-gmbh.de | ee |
| Grünspan, Georg | 200 | gruenspan-gl@pruevo-gmbh.de | gg |
| Kies, Kurt | 330 | kies-einkauf@pruevo-gmbh.de | kku |
| Korall, Karin | 456 | korall-einkauf@pruevo-gmbh.de | kk |
| Lapis, Lambert | 789 | lapis-lager@pruevo-gmbh.de | la |
| Leberkies, Ludger | 500 | leberkies-lager@pruevo-gmbh.de | ll |
| Robin, Rosa | 100 | robin-gl@pruevo-gmbh.de | rro |
| Rothstein, Rita | 459 | rothstein-verwaltung@pruevo-gmbh.de | rr |
| Steiner, Dr., Stefanie | 422 | steiner-gl@pruevo-gmbh.de | sst |
| Venturin, Vasco | 400 | venturin-verwaltung@pruevo-gmbh.de | ve |
| Viandit, Vera | 600 | viandit-verkauf@pruevo-gmbh.de | vv |

### Sortiment

Die Prüvo GmbH ist nicht auf ein bestimmtes Sortiment festgelegt, sondern kann sich je nach Aufgabe mit Adresse(n) und Sortiment anpassen. Somit kann ein Angebot bspw. Design-Büromöbel präsentieren oder aber auch eine Dienstleistung (z. B. Schulung) sein.

## Organigramm (Auszug)

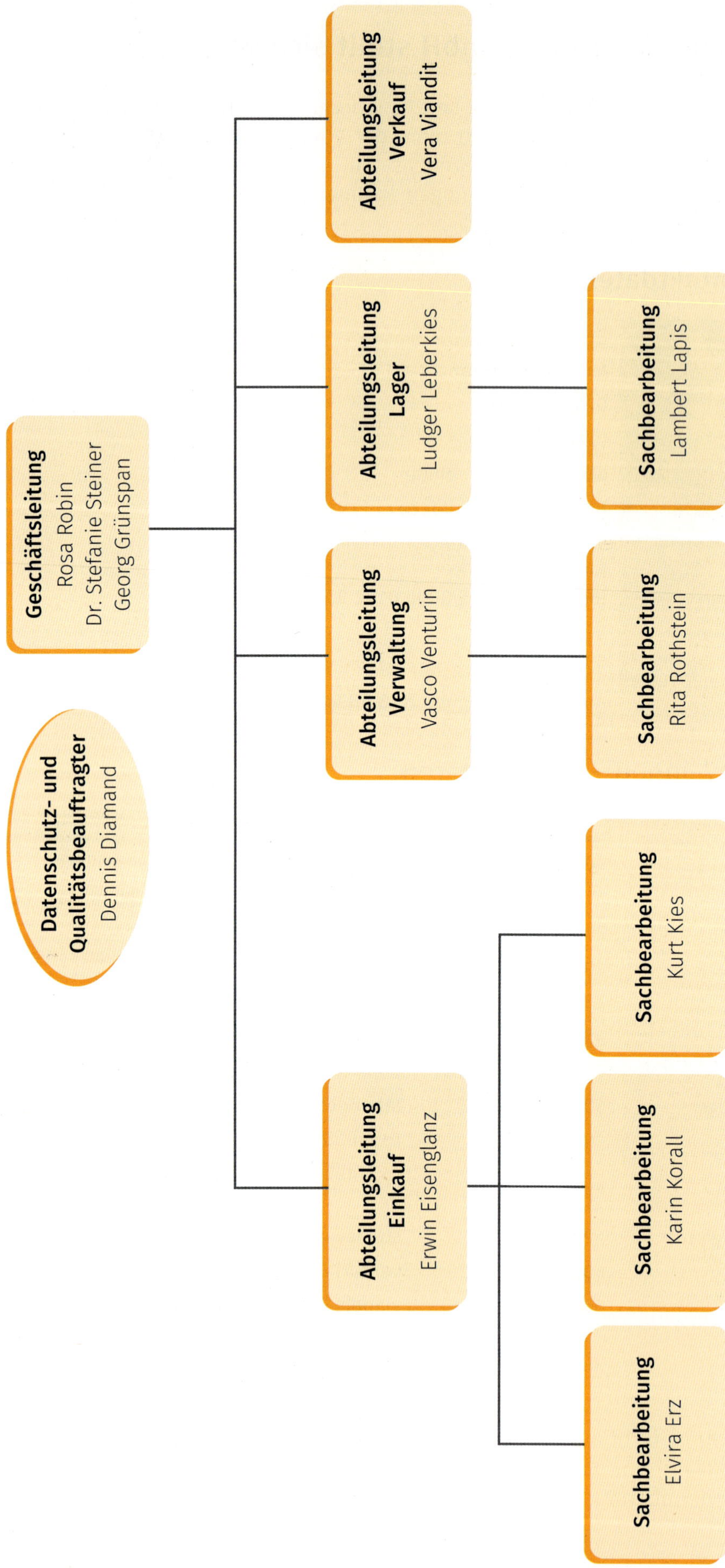

## Gesellschaftsvertrag (Auszug)

Außerhalb des Gesellschaftsvertrags werden Rosa Robin und Georg Grünspan als Geschäftsführer bestimmt.

**§ 1 Firma, Sitz**

Die Gesellschaft ist eine Gesellschaft mit beschränkter Haftung unter der Firma Prüvo GmbH. Der Sitz der Gesellschaft ist in 52062 Aachen, Münchener Straße 7 – 11.

**§ 2 Gegenstand des Unternehmens**

a) Gegenstand des Unternehmens ist der Handel mit Design-Büromöbeln.
b) Die Gesellschaft ist berechtigt, diverse Dienstleistungen anzubieten.

**§ 3 Stammkapital und Stammeinlagen**

Das Stammkapital der Gesellschaft beträgt 30.000,00 €. Das Stammkapital wird aufgebracht von
a) Rosa Robin mit einem Geschäftsanteil von 15.000,00 € und
b) Georg Grünspan mit einem Geschäftsanteil von 15.000,00 €.

Die Geschäftsanteile sind nur in bar zu leisten. Sie sind sofort in voller Höhe fällig.

Der Mindestbetrag des Geschäftsanteils muss 1.000,00 € betragen. Jeder andere Geschäftsanteil muss durch 100 teilbar sein.
(...)

**§ 5 Geschäftsführung**

Als Geschäftsführer werden Rosa Robin und Georg Grünspan bestimmt. Die Gesellschafterversammlung beruft einstimmig die Geschäftsführung.

**§ 6 Gesellschafterversammlung**

Die Gesellschafterversammlung wird mindestens einmal im Jahr zu einer ordentlichen Versammlung einberufen. Die beiden Geschäftsführer laden mit zweiwöchiger Frist unter Angabe von Tagungsort, -zeit und -ordnung ein.
(...)

**§ 10 Kündigung**

Jeder Gesellschafter kann zum Ende des Geschäftsjahres aus wichtigem Grund den Austritt aus der Gesellschaft erklären.
(...)

**§ 13 Schlussbestimmung**

Änderungen und Ergänzungen dieses Vertrages bedürfen der Schriftform.

Aachen, 02.08.2001

*Rosa Robin*
Unterschrift 1

*Georg Grünspan*
Unterschrift 2

# Datensammlung „Prüvo GmbH“

| Steinzeug | | | |
|---|---|---|---|
| **Innovation Days** | **Ergonomie** | **Lager** | **Versand** |
| Prüvo-Innovation-Days.xlsx | Prüvo-Ergonomie.xlsx | Prüvo-Lager.xlsx | Prüvo-Versand.xlsx |
| Prüvo-Brief.docx | AU-Aufforderung.docx | Planung des Betriebsausfluges.pdf | Vertragsentwurf.docx |
| Protokoll-Innova-tion-30-11-15.pdf | Ausgangsbrief an GL.pdf | Bericht-Vordruck.docx | Muster D.pdf |
| Muster A.pdf | Muster B.pdf | Muster A.pdf | Preise und Leistungen2015 der Post.pdf |
| Mitarbeiterschulung.pdf | Muster C.pdf | | Vertragsunterlagen ohne Korrektur.docx |
| Reservierung-Bremen.pdf | | | Vertragsunterlagen Rosa Robin. docx |
| Reservierungsverein-barung-Stuttgart.pdf | | | Versandanbieter.pdf |

# Prüfung: Innovation Days

## Teil A: Grundsteinlegung – Ausgangssituation und Aufgaben

### Hier geht's los!

Wie auch bei der Abschlussprüfung der IHK, Teil 1 (Informationstechnisches Büromanagement), ist auf die Einhaltung der amtlichen Rechtschreibung, des Ausdrucks, der Zeichensetzung und der DIN 5008 zu achten. Eine Formulierung in vollständigen Sätzen wird vorausgesetzt.

Karin Korall ist Mitarbeiterin im Einkauf der Prüvo GmbH, Münchener Straße 7 – 11, 52062 Aachen. Telefonisch ist sie unter der Durchwahl 456 zu erreichen.

Sie benötigen aus dem Ordner „Steinzeug/Innovation Days" zur Bearbeitung folgende Dateien:

**a)** Excel-Datei „Prüvo-Innovation-Days",

**b)** Word-Datei „Prüvo-Brief".

### Corporate Identity

- Alle E-Mail-Adressen werden nach folgendem Schema aufgebaut: nachname-einkauf@pruevo-gmbh.de
- Speichern Sie Ihre Ergebnisse ab unter Bezeichnung der jeweiligen Aufgaben und Ihrem Nachnamen, z. B. „AufgabeX-Nachname".
- Die Namenszeichen der Mitarbeiter/-innen setzen sich aus dem Kürzel für die Abteilung und den Initialen des/-r betreffenden Mitarbeiters/Mitarbeiterin zusammen, z. B. ek-kk.

### Corporate Design

- Alle in- und externen Schriftstücke sind nach dem Corporate Design unter Berücksichtigung der DIN 5008 zu erstellen.
- Der Firmenschriftzug ist in WordArt, Schriftgröße 18 und linksbündig in der Kopfzeile darzustellen.
- Das Firmenlogo ist rechts in der Kopfzeile mit einer maximalen Breite von 4 cm anzubringen.
- In der Fußzeile werden die in der Prüvo GmbH üblichen Geschäftsangaben aufgenommen.
- Die Schriftart für Texte ist Arial und die Schriftgröße 11.
- Die Silbentrennung ist generell zu nutzen.
- Überschriften sind in Schriftgröße 14, in Fettschrift, zentriert und mit einer Umrahmung darzustellen.
- Aufzählungen enthalten einen Haken und Nummerierungen Kleinbuchstaben.

### Sonstiges

- Speichern Sie – wie auch in der Prüfung – alle fünf Minuten ab.
- Für Ihre rechnerische und grafische Auswertung stehen Ihnen die Daten aus der Datensammlung „Steinzeug/Innovation Days" zur Verfügung.
- Alle Dateien erhalten rechtsbündig Ihren Namen.
- Alle Excel-Formeln sind kopierfähig; evtl. absolut und relativ adressiert.
- Alle Formeln sind arbeitsökonomisch und hinsichtlich eines Tabellenkalkulationsprogrammes rationell und für Korrektoren nachvollziehbar zu erstellen.

## Gesamtsituation

Herr Eisenglanz hatte heute Morgen folgende Nachricht auf seinem Bildschirm:

> **Innovation Days für den 10. und 11.03.20xx vorbereiten**
> **(eisenglanz-einkauf@pruevo-gmbh.de)**
>
> OK

Alle fünf Jahre stehen bei der Prüvo GmbH die Innovation Days an. Diese Innovation Days finden am 10.03.20xx in Stuttgart und am 11.03.20xx in Bremen statt. Zur Vorbereitung hat eine Besprechung stattgefunden. Es wurde festgelegt, wer zu welcher Messe eingeladen wird.

Hierfür liegt Ihnen das Protokoll „Planung der Innovation Days“ vor (s. Seite 16).

### Mittendrin: Aufgaben

Herr Eisenglanz beauftragt Sie mit der Planung der Innovation Days.

**1 Auswertung der Stammdaten unserer Lieferanten**
Bearbeitet werden folgende Tabellenblätter:

- „Auswertung“
- „EK_Umsatz“
- „Lieferanten“

**1.1** Erweitern Sie das Tabellenblatt „EK_Umsatz“ um eine Spalte, in der Sie den Gesamtumsatz der einzelnen Lieferanten ermitteln.

**1.2** Ergänzen Sie das Tabellenblatt „Lieferanten“ um eine Spalte und übertragen Sie den Gesamtumsatz der einzelnen Lieferanten funktionsgesteuert aus dem Tabellenblatt „EK_Umsatz“.

**1.3** Berechnen Sie in einer weiteren Spalte formelgesteuert den Anteil der jeweiligen Lieferanten am gesamten Einkaufsvolumen der Prüvo GmbH.

**1.4** Ermitteln Sie in der nächsten Spalte funktionsgesteuert, zu welchem Standort die Lieferanten eingeladen werden.

**1.5** Bestimmen Sie funktionsgesteuert für jeden Lieferanten in der folgenden Spalte die Anzahl der Verzehrgutscheine.

**2 Daten mit einem Diagramm präsentieren**

**2.1** Erstellen Sie in einem neuen Tabellenblatt ein 3-D-Balkendiagramm nach „Diagramm Muster A“ auf Seite 18, in dem die Umsätze unserer Lieferanten in umgekehrter Reihenfolge visualisiert werden.

**2.2** Auf der horizontalen Achse soll ein sinnvolles Hauptintervall festgelegt werden.

**3 Daten für die Tagungsplanung auswerten**

Web

Ermitteln Sie im Tabellenblatt „Auswertung“ funktionsgesteuert

- die Anzahl der Freikarten für Bremen, Stuttgart und insgesamt,
- die Anzahl der Firmen, die nach Bremen kommen, geordnet nach Nord und Mitte,
- die Anzahl der Firmen, die nach Stuttgart kommen, geordnet nach Ost und Süd.

**4 Zur Tagung einladen**
Sie benötigen die Datei „Prüvo-Brief“ (s. Seite 20) und das Tabellenblatt aus Ihrer Lösung.

Web

**4.1** Entwerfen Sie eine persönliche Einladung zu den Innovation Days an unsere Lieferanten.

**4.2** Informieren Sie die Lieferanten über das Tagungsziel und den Ablauf der Tagung gemäß dem Protokoll.

**4.3** Der Tagungsort ist durch eine Einrückung zu formatieren.

**4.4** Der Termin und das Tagungshotel sind mit einer geeigneten Zeichenformatierung hervorzuheben.

**5 Programmablauf entwerfen**

Web

**5.1** Entwerfen Sie für unsere Lieferanten einen Programmablauf für den jeweiligen Innovation Day gemäß der Anlage „Mitarbeiterschulung“ (s. Seite 21). Beginnen Sie mit dem Innovation Day in Bremen.

**5.2** Gestalten Sie den Programmablauf nach den Vorgaben des Corporate Designs der Prüvo GmbH.

Web

**5.3** Planen Sie den Ablauf mithilfe der beiliegenden Anlagen „Reservierung“ (s. Seite 22 und 23).

**5.4** Gestalten Sie den zeitlichen Programmablauf des Innvovation Day für Bremen als Tabelle.

**5.5** Legen Sie für die Zellenhöhe der Tabelle 1 cm fest.

**Ende der Prüfung**

## Steinzeug: Materialien

## Protokoll der Besprechung

Web

**Prüvo GmbH**

Prüvo GmbH Büromöbel

| Protokoll der Besprechung<br>Planung der Innovation Days | |
|---|---|
| Datum: | 30.11.20xx, 10:30 – 11:20 Uhr |
| Ort: | Besprechungszimmer II |
| Teilnehmer: | Abteilungsleiter Erwin Eisenglanz, Einkauf<br>Frau Elvira Erz, Einkauf<br>Frau Rita Rothstein, Verwaltung |
| Verteiler: | Teilnehmer |
| Protokollantin: | Frau Korall |
| Tagesordnung: | Ablauf der Innovation Days |

Die Innovation Days finden in Bremen für die Regionen Nord, West und Mitte statt und für die anderen Regionen in Stuttgart.

In Stuttgart finden die Innovation Days am 10.03. im Tagungshotel „Zum Schiefer“ und in Bremen am 11.03. im Tagungshotel „Zum blauen Azurit“ statt.

Die jeweiligen Adressen sind:

| | |
|---|---|
| Tagungshotel „Zum Schiefer“ | Tagungshotel „Zum blauen Azurit“ |
| Rothaarstraße 7 – 11 | Fritz-Mauser-Straße 50 – 52 |
| 70180 Stuttgart | 28195 Bremen |

Ziel der Innovation Days ist, die Lieferanten über die neuen Produkte zu informieren.

Die Lieferanten, die uns seit 2006 beliefern und einen Umsatz von über 1.000.000,00 € in den letzten zwei Jahren mit uns hatten, erhalten sechs und die anderen drei Verzehrgutscheine. Diese erhalten die Lieferanten vom zuständigen Gebietsleiter.

Für eine ordnungsgemäße Planung wird die Anzahl der Lieferanten, die jeweils nach Bremen oder Stuttgart eingeladen werden, benötigt.

Im Diagramm werden die Umsätze der Lieferanten der letzten zwei Jahre dargestellt.

Frau Korall erstellt die Einladung an die Lieferanten und eine Checkliste zur Vorbereitung der nächsten Planungssitzung.

Am Vormittag wird als Referent Herr Dr. Frank Müller-Vollfarth zum Thema „Ergonomische Arbeitsplatzgestaltung“ referieren und am Nachmittag Frau Prof. Swetlana Pustola zum Thema „Einsatz nachhaltiger Werkstoffe im Bürobereich“.

Während des gesamten Tages werden die neuen Produkte im Rahmen einer Ausstellung von unseren Gebietsvertretern präsentiert.

Vorab wird den Lieferanten ein Produktflyer zugesandt.

Aachen, 01.12.20xx

Eisenglanz
Leiter der Besprechung

Korall
Protokollantin

| | | | | |
|---|---|---|---|---|
| Prüvo GmbH<br>Münchener Straße 7 – 11<br>52062 Aachen<br>Steuer-Nr.: 32/342/43768<br>USt-IdNr.: DE865945748 | Geschäftsführerin:<br>Dr. Stefanie Steiner<br><br>HRB 8894<br>Amtsgericht Aachen | Telefon:<br>Fax:<br><br>Internet:<br>E-Mail: | 0241 5869-0<br>0241 5869-444<br><br>www.pruevo-gmbh.de<br>info@pruevo-gmbh.de | Bankverbindung:<br>Sparkasse Aachen<br><br>BIC AACSDE33XXX<br>IBAN DE08 3905 0000 0152 3567 88 |

## Tabellenblatt „Lieferanten“

| | A | B | C | D | E | F | G | H | I | J |
|---|---|---|---|---|---|---|---|---|---|---|
| 1 | Lieferer | Lieferanten-Nr. | Ansprech-partner | Vorname | Geschlecht | Straße | PLZ | Ort | Region | Lieferant seit |
| 2 | Inka AG | 26848 | Gallen | Rudolf | m | Elbchaussee 350 | 20095 | Hamburg | Nord | 2008 |
| 3 | Jade OHG | 62264 | Peldewald | Xaver | m | Moritzgasse 4 | 87459 | Pfronten | Süd | 2007 |
| 4 | Blaustein mbH | 35518 | Fischer | Ute | w | Europastraße 100 – 102 | 58091 | Hagen | West | 2003 |
| 5 | Rindenstein & Waise OHG | 66298 | Hillen | Sabine | w | Heiliger Weg 91 | 92224 | Amberg | Süd | 2004 |
| 6 | Itabrit OHG | 20929 | Meuler | Dieter | m | Grotefendweg 23 | 31137 | Hildesheim | Nord | 2003 |
| 7 | Lapis OHG | 42156 | Schuster | Harald | m | An den Stümpen 48 | 49080 | Osnabrück | West | 2008 |
| 8 | Kalbait GmbH | 35479 | Molke | Christian | m | Moltkestraße 91 | 70180 | Stuttgart | Süd | 2010 |
| 9 | Emilia Safir e. Kffr. | 41818 | Sorpe | Gustav | m | Karl-Diehl-Ring 264 | 46049 | Oberhausen | West | 2007 |
| 10 | Rechit GmbH | 40356 | Lode-Wald | Reni | w | Robert-Koch-Allee 475 | 80333 | München | Süd | 2009 |
| 11 | Flusserde GmbH | 25568 | Schmitt | Olga | w | Rosenstraße 9/11 | 18107 | Rostock | Ost | 2009 |
| 12 | Gentner GbR | 32298 | Schön | Otto | m | Römerweg 39 | 36039 | Fulda | Mitte | 2006 |
| 13 | Granit Design AG | 15453 | Kalke | Lisa | w | Mozartallee 8 | 40211 | Düsseldorf | West | 2009 |
| 14 | Ballas AG | 94452 | Bayat-Iras | Renate | w | Gerichtsstraße 7 | 97072 | Würzburg | Mitte | 1996 |
| 15 | Simar GmbH & Co. KG | 19643 | Jansen | Norbert | m | Maiplatz 20 | 10061 | Berlin | Ost | 2002 |
| 16 | Goldlauch OHG | 52849 | Schäfer | Ludger | m | Kaiserstraße 340 | 69129 | Heidelberg | Mitte | 2010 |
| 17 | Lucullan & Ünal OHG | 10743 | Hirsch | Christa | w | Tulpenweg 1 – 3 | 30003 | Hannover | Nord | 2012 |
| 18 | Fiorit OHG | 11471 | Fritz | Johannes | m | Breite Wiese 48 | 01609 | Lichtensee | Ost | 2010 |
| 19 | Perlspat KG | 10157 | Mauser | Egon | m | Viehweg 37 | 01239 | Dresden | Ost | 2003 |
| 20 | Elektron KG | 41834 | Berger | Paula | w | Gänsemarkt 43 | 64291 | Darmstadt | Mitte | 2008 |
| 21 | Ferroferrit GmbH | 79575 | Carges | Harald | m | Ludwigsring 38 | 90402 | Nürnberg | Süd | 2001 |
| 22 | Delta Diamas GmbH | 24422 | Fischer | Martin | m | Stettiner Straße 100 | 15230 | Frankfurt (Oder) | Ost | 2003 |
| 23 | Achatis GmbH & Co. KG | 45251 | Bellcher | Renate | w | Finkenweg 5 | 54411 | Hermeskeil | West | 2004 |
| 24 | Herbert Chinta e. Kfm. | 18968 | Schuber | Mathias | m | Friedensplatz 90 | 60310 | Frankfurt (Main) | Mitte | 2004 |
| 25 | Menakan & Mornit OHG | 21556 | Müller | Beate | w | Langgasse 12 a | 20099 | Hamburg | Nord | 2008 |
| 26 | Coralin AG | 14687 | Gröger | Elke | w | Buchenstraße 3 – 11 | 07318 | Wittgendorf | Ost | 2001 |
| 27 | Kiesball OHG | 41714 | Zicher | Walter | m | Ostwall 3 | 72072 | Tübingen | Süd | 2011 |
| 28 | Toramalli KG | 35247 | Zepten | Anna | w | Zum Kallenborn 29 | 25336 | Elmshorn | Nord | 2006 |
| 29 | Stonebuild mbH | 48128 | Mascher | Sabine | w | Bend 123 | 52062 | Aachen | West | 2006 |
| 30 | Olga Olivin e. Kffr. | 64307 | Huben | Maria | w | Sonnenscheingasse 207 | 76131 | Karlsruhe | Süd | 2004 |

Web

**Diagramm „Muster A“**

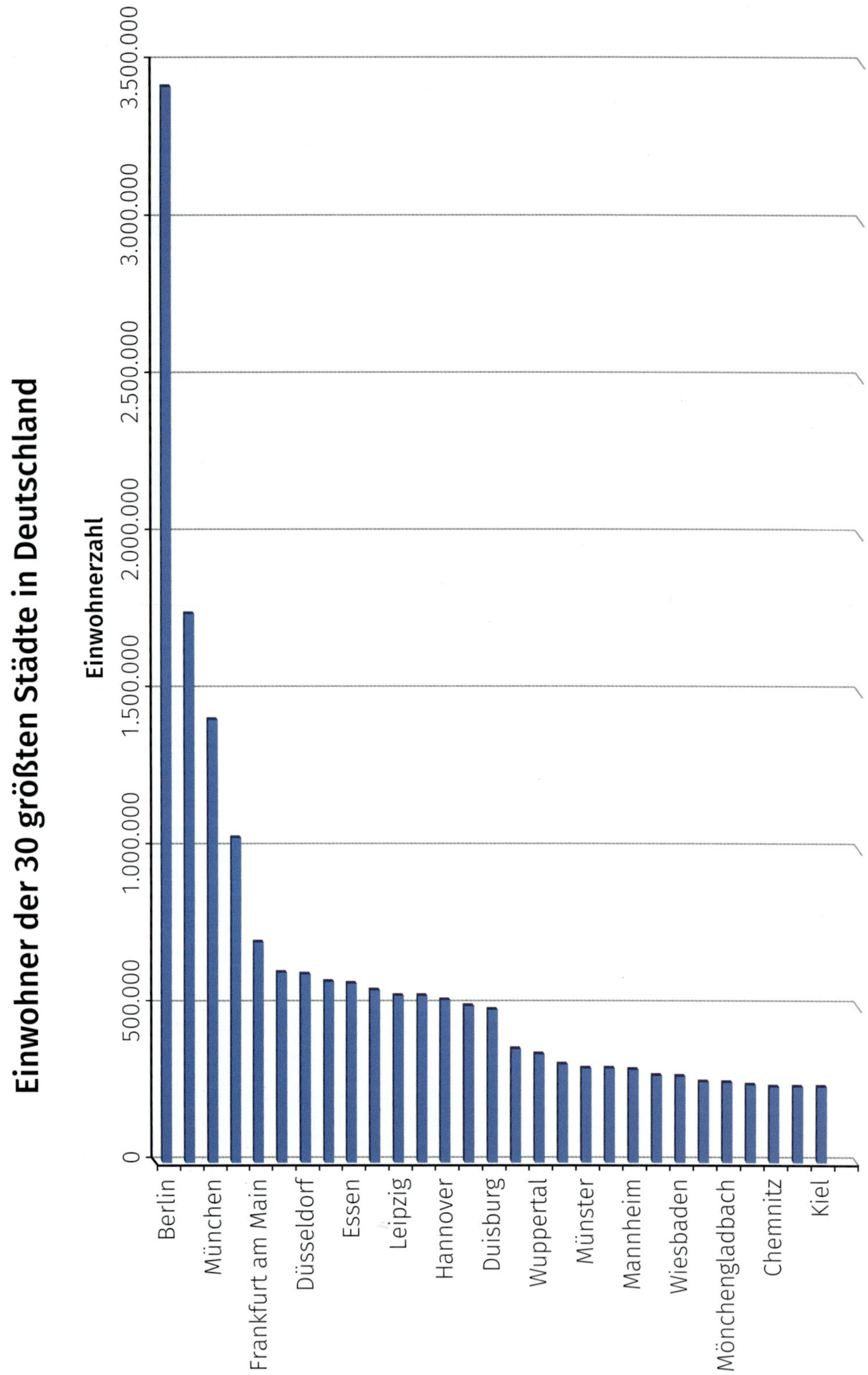

## Tabellenblatt „EK_Umsatz“

| | A | B | C | D | E | F | G | H | I |
|---|---|---|---|---|---|---|---|---|---|
| 1 | Lieferanten-Nr. | 1. Q.2013 | 2. Q.2013 | 3. Q.2013 | 4. Q.2013 | 1. Q.2014 | 2. Q.2014 | 3. Q.2014 | 4. Q.2014 |
| 2 | 10157 | 36.480 | 48.358 | 42.838 | 51.979 | 39.117 | 55.382 | 57.941 | 63.302 |
| 3 | 10743 | 68.540 | 84.841 | 60.476 | 44.385 | 62.188 | 59.483 | 73.135 | 67.625 |
| 4 | 11471 | 52.676 | 50.134 | 48.790 | 48.477 | 65.918 | 52.112 | 44.560 | 58.396 |
| 5 | 14687 | 21.293 | 21.369 | 37.905 | 31.705 | 43.006 | 33.316 | 32.559 | 39.630 |
| 6 | 15453 | 97.804 | 73.787 | 102.252 | 115.603 | 110.607 | 124.794 | 86.851 | 88.951 |
| 7 | 18968 | 48.092 | 26.653 | 34.175 | 41.696 | 46.239 | 38.357 | 31.614 | 34.857 |
| 8 | 19643 | 98.557 | 98.839 | 74.231 | 55.988 | 58.723 | 85.061 | 87.441 | 61.308 |
| 9 | 20929 | 152.074 | 158.075 | 125.649 | 104.859 | 105.052 | 175.801 | 185.950 | 127.068 |
| 10 | 21556 | 37.821 | 35.508 | 24.104 | 38.057 | 53.044 | 33.734 | 30.626 | 24.334 |
| 11 | 24422 | 43.895 | 43.083 | 49.741 | 45.080 | 38.771 | 36.599 | 54.305 | 56.066 |
| 12 | 25568 | 140.960 | 144.486 | 102.179 | 145.981 | 160.089 | 115.351 | 155.517 | 97.629 |
| 13 | 26848 | 112.595 | 138.451 | 163.467 | 181.834 | 149.294 | 169.389 | 129.530 | 192.587 |
| 14 | 32298 | 123.404 | 104.158 | 165.494 | 158.084 | 89.521 | 96.751 | 138.963 | 127.509 |
| 15 | 35247 | 22.632 | 23.602 | 14.163 | 17.990 | 22.766 | 19.570 | 15.492 | 13.961 |
| 16 | 35479 | 99.919 | 168.404 | 102.762 | 144.695 | 184.477 | 159.976 | 100.656 | 129.926 |
| 17 | 35518 | 131.824 | 135.964 | 133.431 | 111.395 | 202.025 | 156.204 | 190.198 | 107.254 |
| 18 | 40356 | 102.116 | 123.430 | 154.049 | 148.578 | 135.709 | 161.789 | 135.240 | 103.931 |
| 19 | 41714 | 17.069 | 14.393 | 21.168 | 26.127 | 23.451 | 25.017 | 25.938 | 15.283 |
| 20 | 41818 | 131.457 | 134.612 | 112.121 | 161.458 | 104.025 | 153.540 | 131.440 | 140.920 |
| 21 | 41834 | 47.106 | 54.746 | 50.412 | 51.164 | 56.888 | 54.119 | 40.386 | 33.506 |
| 22 | 42156 | 111.840 | 183.731 | 149.642 | 97.904 | 128.995 | 191.023 | 139.603 | 98.541 |
| 23 | 45251 | 44.264 | 32.679 | 35.369 | 42.305 | 47.520 | 49.536 | 31.045 | 29.488 |
| 24 | 48128 | 19.733 | 20.667 | 19.490 | 14.108 | 13.986 | 14.673 | 20.910 | 16.378 |
| 25 | 52849 | 58.453 | 59.811 | 55.558 | 56.191 | 106.467 | 73.156 | 57.206 | 62.161 |
| 26 | 62264 | 118.537 | 148.556 | 121.287 | 190.677 | 124.153 | 200.381 | 114.069 | 198.066 |
| 27 | 64307 | 8.535 | 9.615 | 6.168 | 8.965 | 9.089 | 6.738 | 9.083 | 8.041 |
| 28 | 66298 | 152.074 | 158.079 | 125.646 | 104.864 | 105.056 | 175.804 | 185.946 | 127.073 |
| 29 | 79575 | 43.903 | 43.081 | 49.746 | 45.084 | 38.768 | 36.600 | 54.305 | 56.061 |
| 30 | 94452 | 97.802 | 73.785 | 102.252 | 115.596 | 110.604 | 124.792 | 86.851 | 88.947 |

## Tabellenblatt „Auswertung“

| | A | B | C | D | E |
|---|---|---|---|---|---|
| 1 | | | | | |
| 2 | | | | | |
| 3 | Anzahl der Verzehrgutscheine für | | | | |
| 4 | Bremen | | | | |
| 5 | Stuttgart | | | | |
| 6 | Gesamt | | | | |
| 7 | | | | | |
| 8 | | | | | |
| 9 | Bremen | | | Stuttgart | |
| 10 | | Anzahl der Firmen | | | Anzahl der Firmen |
| 11 | Nord | | | Ost | |
| 12 | Mitte | | | Süd | |
| 13 | West | | | Gesamt | |
| 14 | Gesamt | | | | |

## Vordruck „Prüvo-Brief“

Web

**Prüvo GmbH**

Prüvo GmbH
Büromöbel

| | | |
|---|---|---|
| | | Ihr Zeichen:<br>Ihre Nachricht vom:<br>Unser Zeichen:<br>Unsere Nachricht vom:<br><br>Name:<br>Telefon:<br>Telefax:<br>E-Mail:<br><br>Datum: |

| | | | | |
|---|---|---|---|---|
| Prüvo GmbH<br>Münchener Straße 7 – 11<br>52062 Aachen<br>Steuer-Nr.: 32/342/43768<br>USt-IdNr.: DE865945748 | Geschäftsführerin:<br>Dr. Stefanie Steiner<br><br>HRB 8894<br>Amtsgericht Aachen | Telefon:<br>Fax:<br><br>Internet:<br>E-Mail: | 0241 5869-0<br>0241 5869-444<br><br>www.pruevo-gmbh.de<br>info@pruevo-gmbh.de | Bankverbindung:<br>Sparkasse Aachen<br><br>BIC AACSDE33XXX<br>IBAN DE08 3905 0000 0152 3567 88 |

## Anlage „Mitarbeiterschulung“

Web

**Mitarbeiterschulung am 01.06.20xx**
**„Gekonnt telefonieren“**

**Veranstaltungsort: im Hause**
**Raum: 001**

| **Uhrzeit** | **Thema** |
|---|---|
| 08:00 Uhr | Schulungsbeginn und Begrüßung |
| 08:15 – 09:30 Uhr | Vortrag „Professionelle Vorgehensweise beim Telefonieren“<br>Referentin: Martina Meier-Wolfarth |
| 09:30 – 10:00 Uhr | Kaffeepause |
| 10:15 – 12:00 Uhr | Workshops „Telefonknigge“ |
| 12:00 – 13:00 Uhr | Mittagessen |
| 13:00 – 14:00 Uhr | Vorstellung der Arbeitsergebnisse aus den Workshops mit anschließender Evaluierung |

## Anlage „Reservierung-Bremen“

Web

**Tagungshotel**
**Zum blauen Azurit**

Zum blauen Azurit, Fritz-Mauser-Str. 50 – 52, 28195 Bremen
Prüvo GmbH
Frau Korall
Münchener Straße 7 – 11
52062 Aachen

Ihr Zeichen: ek-ko
Ihre Nachricht vom: 14.08.20xx
Unser Zeichen: rü
Unsere Nachricht vom:

Name: Jens Rütter
Telefon: 0421 4893-4723
Telefax: 0421 4893-4700
E-Mail: jens.ruetter@zba.de

Datum: 18.08.20xx

**Reservierungsvereinbarung für Ihre Tagung „Innovation Days am 11.03.20xx“**

Sehr geehrte Frau Korall,

gern kommen wir Ihrer telefonischen Bitte nach und reservieren für den 11.03.20xx wie folgt:

| | |
|---|---|
| Konferenzraum „Bremen“ | Standardtechnik inkl. Mikrofonanlage |
| Konferenzraum „Hamburg“ | Ohne Bestuhlung, zur Nutzung als Produktpräsentation |
| Bestuhlung: | Parlamentarische Anordnung mit Rednerpult |
| Teilnehmerzahl: | 60 Personen |
| Tagungsbeginn: | 09:00 Uhr |
| Tagungsende: | 18:00 Uhr |
| Mittagessen: | Möglich zwischen 12:00 und 14:00 Uhr |
| Vormittagskaffeepause: | Möglich zwischen 10:00 und 11:00 Uhr |
| Nachmittagskaffeepause: | Möglich zwischen 15:00 und 17:00 Uhr |

Wir bitten in den nächsten zwei Wochen um eine schriftliche Bestätigung. Bitte beachten Sie unsere geltenden Stornogebühren.

Für die Abrechnung empfehlen wir Ihnen unsere *Tagungspauschale*. Hier können Sie die einzelnen Arrangements aus der beigefügten Cateringliste entnehmen.

Rufen Sie uns einfach an. Wir beraten Sie gern.

Wir freuen uns, Sie in unserem Hause als Gäste begrüßen zu dürfen.

Freundliche Grüße

**Tagungshotel „Zum blauen Azurit“**

Jens Rütter

Anlage
Cateringliste

Zum blauen Azurit, Fritz-Mauser-Str. 50 – 52, 28195 Bremen
Geschäftsführer: Walter Moser
Steuer-Nr.: 84/439/30583
USt-IdNr.: DE495658467

Bankverbindung: Deutsche Bank Bremen
BIC DEUTDEDBBRE
IBAN DE29 0700 2400 0494 4578 97

## Anlage „Reservierungsvereinbarung – Stuttgart“

**Von:** karin.schwaebele@zumschiefer.de
**Gesendet:** Mittwoch, 19. August 20xx 16:52
**An:** korall-einkauf@pruevo-gmbh.de
**Betreff:** Tagung in unserem Hause am 10.03.20xx

Sehr geehrte Frau Korall,

gern reservieren wir für Sie wie folgt:

Tagungsraum Nr. 300 für 70 Personen und einen weiteren Tagungsraum Nr. 301 am 10.03.20xx

Standard-Tagungstechnik (Flipchart inkl. fünf Blatt, OHP, Mikrofonanlage gegen Gebühr, Bestuhlung wird noch besprochen.)

Tagespauschale inkl. Kaffeepause vormittags (09:00 – 12:30 Uhr) mit Obstkorb und Gebäck

Mittagessen: Zwei-Gänge-Menü

Kaffeepause nachmittags mit Obstkorb und Kuchen

Den Zeitpunkt für das Mittagessen und die Kaffeepause am Nachmittag können Sie ganz nach Ihren Wünschen festlegen.

Wir freuen uns auf Ihren Besuch.

Viele Grüße

Karin Schwäbele

Tagungshotel „Zum Schiefer“
Rothaarstraße 7 – 11
70180 Stuttgart

# Teil B: In Stein gemeißelt – Lösungshinweise

## Aufgabe 1

### Tabellenblatt „EK_Umsatz Lösung“

| | A | B | C | D | E | F | G | H | I | J |
|---|---|---|---|---|---|---|---|---|---|---|
| 1 | Lieferanten-Nr. | 1. Q.2013 | 2. Q.2013 | 3. Q.2013 | 4. Q.2013 | 1. Q.2014 | 2. Q.2014 | 3. Q.2014 | 4. Q.2014 | Summe |
| 2 | 10157 | 36.480 | 48.358 | 42.838 | 51.979 | 39.117 | 55.382 | 57.941 | 63.302 | 395.397 |
| 3 | 10743 | 68.540 | 84.841 | 60.476 | 44.385 | 62.188 | 59.483 | 73.135 | 67.625 | 520.673 |
| 4 | 11471 | 52.676 | 50.134 | 48.790 | 48.477 | 65.918 | 52.112 | 44.560 | 58.396 | 421.063 |
| 5 | 14687 | 21.293 | 21.369 | 37.905 | 31.705 | 43.006 | 33.316 | 32.559 | 39.630 | 260.783 |
| 6 | 15453 | 97.804 | 73.787 | 102.252 | 115.603 | 110.607 | 124.794 | 86.851 | 88.951 | 800.649 |
| 7 | 18968 | 48.092 | 26.653 | 34.175 | 41.696 | 46.239 | 38.357 | 31.614 | 34.857 | 301.683 |
| 8 | 19643 | 98.557 | 98.839 | 74.231 | 55.988 | 58.723 | 85.061 | 87.441 | 61.308 | 620.148 |
| 9 | 20929 | 152.074 | 158.075 | 125.649 | 104.859 | 105.052 | 175.801 | 185.950 | 127.068 | 1.134.528 |
| 10 | 21556 | 37.821 | 35.508 | 24.104 | 38.057 | 53.044 | 33.734 | 30.626 | 24.334 | 277.228 |
| 11 | 24422 | 43.895 | 43.083 | 49.741 | 45.080 | 38.771 | 36.599 | 54.305 | 56.066 | 367.540 |
| 12 | 25568 | 140.960 | 144.486 | 102.179 | 145.981 | 160.089 | 115.351 | 155.517 | 97.629 | 1.062.192 |
| 13 | 26848 | 112.595 | 138.451 | 163.467 | 181.834 | 149.294 | 169.389 | 129.530 | 192.587 | 1.237.147 |
| 14 | 32298 | 123.404 | 104.158 | 165.494 | 158.084 | 89.521 | 96.751 | 138.963 | 127.509 | 1.003.884 |
| 15 | 35247 | 22.632 | 23.602 | 14.163 | 17.990 | 22.766 | 19.570 | 15.492 | 13.961 | 150.176 |
| 16 | 35479 | 99.919 | 168.404 | 102.762 | 144.695 | 184.477 | 159.976 | 100.656 | 129.926 | 1.090.815 |
| 17 | 35518 | 131.824 | 135.964 | 133.431 | 111.395 | 202.025 | 156.204 | 190.198 | 107.254 | 1.168.295 |
| 18 | 40356 | 102.116 | 123.430 | 154.049 | 148.578 | 135.709 | 161.789 | 135.240 | 103.931 | 1.064.842 |
| 19 | 41714 | 17.069 | 14.393 | 21.168 | 26.127 | 23.451 | 25.017 | 25.938 | 15.283 | 168.446 |
| 20 | 41818 | 131.457 | 134.612 | 112.121 | 161.458 | 104.025 | 153.540 | 131.440 | 140.920 | 1.069.573 |
| 21 | 41834 | 47.106 | 54.746 | 50.412 | 51.164 | 56.888 | 54.119 | 40.386 | 33.506 | 388.327 |
| 22 | 42156 | 111.840 | 183.731 | 149.642 | 97.904 | 128.995 | 191.023 | 139.603 | 98.541 | 1.101.279 |
| 23 | 45251 | 44.264 | 32.679 | 35.369 | 42.305 | 47.520 | 49.536 | 31.045 | 29.488 | 312.206 |
| 24 | 48128 | 19.733 | 20.667 | 19.490 | 14.108 | 13.986 | 14.673 | 20.910 | 16.378 | 139.945 |
| 25 | 52849 | 58.453 | 59.811 | 55.558 | 56.191 | 106.467 | 73.156 | 57.206 | 62.161 | 529.003 |
| 26 | 62264 | 118.537 | 148.556 | 121.287 | 190.677 | 124.153 | 200.381 | 114.069 | 198.066 | 1.215.726 |
| 27 | 64307 | 8.535 | 9.615 | 6.168 | 8.965 | 9.089 | 6.738 | 9.083 | 8.041 | 66.234 |
| 28 | 66298 | 152.074 | 158.079 | 125.646 | 104.864 | 105.056 | 175.804 | 185.946 | 127.073 | 1.134.542 |
| 29 | 79575 | 43.903 | 43.081 | 49.746 | 45.084 | 38.768 | 36.600 | 54.305 | 56.061 | 367.548 |
| 30 | 94452 | 97.802 | 73.785 | 102.252 | 115.596 | 110.604 | 124.792 | 86.851 | 88.947 | 800.629 |

## Tabellenblatt „EK_Umsatz Formeln“

| | A | B | C | D | E | F | G | H | I | J |
|---|---|---|---|---|---|---|---|---|---|---|
| 1 | Lieferanten-Nr. | 1. Q.2013 | 2. Q.2013 | 3. Q.2013 | 4. Q.2013 | 1. Q.2014 | 2. Q.2014 | 3. Q.2014 | 4. Q.2014 | Summe |
| 2 | 10157 | 36480 | 48358 | 42838 | 51979 | 39117 | 55382 | 57941 | 63302 | =SUMME(B2:I2) |
| 3 | 10743 | 68540 | 84841 | 60476 | 44385 | 62188 | 59483 | 73135 | 67625 | =SUMME(B3:I3) |
| 4 | 11471 | 52676 | 50134 | 48790 | 48477 | 65918 | 52112 | 44560 | 58396 | =SUMME(B4:I4) |
| 5 | 14587 | 21293 | 21369 | 37905 | 31705 | 43006 | 33316 | 32559 | 39630 | =SUMME(B5:I5) |
| 6 | 15453 | 97804 | 73787 | 102252 | 115603 | 110607 | 124794 | 86851 | 88951 | =SUMME(B6:I6) |
| 7 | 18968 | 48092 | 26653 | 34175 | 41696 | 46239 | 38357 | 31614 | 34857 | =SUMME(B7:I7) |
| 8 | 19543 | 98557 | 98839 | 74231 | 55988 | 58723 | 85061 | 87441 | 61308 | =SUMME(B8:I8) |
| 9 | 20929 | 152074 | 158075 | 125649 | 104859 | 105052 | 175801 | 185950 | 127068 | =SUMME(B9:I9) |
| 10 | 21556 | 37821 | 35508 | 24104 | 38057 | 53044 | 33734 | 30626 | 24334 | =SUMME(B10:I10) |
| 11 | 24422 | 43895 | 43083 | 49741 | 45080 | 38771 | 36599 | 54305 | 56066 | =SUMME(B11:I11) |
| 12 | 25568 | 140960 | 144486 | 102179 | 145981 | 160089 | 115351 | 155517 | 97629 | =SUMME(B12:I12) |
| 13 | 26348 | 112595 | 138451 | 163467 | 181834 | 149294 | 169389 | 129530 | 192587 | =SUMME(B13:I13) |
| 14 | 32298 | 123404 | 104158 | 165494 | 158084 | 89521 | 96751 | 138963 | 127509 | =SUMME(B14:I14) |
| 15 | 35247 | 22632 | 23602 | 14163 | 17990 | 22766 | 19570 | 15492 | 13961 | =SUMME(B15:I15) |
| 16 | 35479 | 99919 | 168404 | 102762 | 144695 | 184477 | 159976 | 100656 | 129926 | =SUMME(B16:I16) |
| 17 | 35518 | 131824 | 135964 | 133431 | 111395 | 202025 | 156204 | 190198 | 107254 | =SUMME(B17:I17) |
| 18 | 40356 | 102116 | 123430 | 154049 | 148578 | 135709 | 161789 | 135240 | 103931 | =SUMME(B18:I18) |
| 19 | 41714 | 17069 | 14393 | 21168 | 26127 | 23451 | 25017 | 25938 | 15283 | =SUMME(B19:I19) |
| 20 | 41318 | 131457 | 134612 | 112121 | 161458 | 104025 | 153540 | 131440 | 140920 | =SUMME(B20:I20) |
| 21 | 41334 | 47106 | 54746 | 50412 | 51164 | 56888 | 54119 | 40386 | 33506 | =SUMME(B21:I21) |
| 22 | 42156 | 111840 | 183731 | 149642 | 97904 | 128995 | 191023 | 139603 | 98541 | =SUMME(B22:I22) |
| 23 | 45251 | 44264 | 32679 | 35369 | 42305 | 47520 | 49536 | 31045 | 29488 | =SUMME(B23:I23) |
| 24 | 48128 | 19733 | 20667 | 19490 | 14108 | 13986 | 14673 | 20910 | 16378 | =SUMME(B24:I24) |
| 25 | 52849 | 58453 | 59811 | 55558 | 56191 | 106467 | 73156 | 57206 | 62161 | =SUMME(B25:I25) |
| 26 | 62264 | 118537 | 148556 | 121287 | 190677 | 124153 | 200381 | 114069 | 198066 | =SUMME(B26:I26) |
| 27 | 64307 | 8535 | 9615 | 6168 | 8965 | 9089 | 6738 | 9083 | 8041 | =SUMME(B27:I27) |
| 28 | 66298 | 152074 | 158079 | 125646 | 104864 | 105056 | 175804 | 185946 | 127073 | =SUMME(B28:I28) |
| 29 | 79575 | 43903 | 43081 | 49746 | 45084 | 38768 | 36600 | 54305 | 56061 | =SUMME(B29:I29) |
| 30 | 94452 | 97802 | 73785 | 102252 | 115596 | 110604 | 124792 | 86851 | 88947 | =SUMME(B30:I30) |

Web



1

## Tabellenblatt „Lieferanten Lösung“

Web

| | A | B | C | D | E | F | G | H | I | J | K | L | M | N |
|---|---|---|---|---|---|---|---|---|---|---|---|---|---|---|
| 1 | Lieferer | Lieferanten-Nr. | Ansprech-partner | Vorname | Geschlecht | Straße | PLZ | Ort | Region | Lieferant seit | Umsatz der letzten 2 Jahre | Anteil am Gesamt EK Volumen | T-Ort | V-Gutschein |
| 2 | Inka AG | 26848 | Gallen | Rudolf | m | Elbchaussee 350 | 20095 | Hamburg | Nord | 2008 | 1237147 | 6,45% | Bremen | 3 |
| 3 | Jade OHG | 62264 | Peldewald | Xaver | m | Moritzgasse 4 | 87459 | Pfronten | Süd | 2007 | 1215726 | 6,34% | Stuttgart | 3 |
| 4 | Blaustein mbH | 35518 | Fischer | Ute | w | Europastraße 100 – 102 | 58091 | Hagen | West | 2003 | 1168295 | 6,09% | Bremen | 6 |
| 5 | Rindenstein & Waise OHG | 66298 | Hillen | Sabine | w | Heiliger Weg 91 | 92224 | Amberg | Süd | 2004 | 1134542 | 5,92% | Stuttgart | 6 |
| 6 | Itabrit OHG | 20929 | Meuler | Dieter | m | Grotefendweg 23 | 31137 | Hildesheim | Nord | 2003 | 1134528 | 5,92% | Bremen | 6 |
| 7 | Lapis OHG | 42156 | Schuster | Harald | m | An den Stümpen 48 | 49080 | Osnabrück | West | 2008 | 1101279 | 5,74% | Bremen | 3 |
| 8 | Kalbait GmbH | 35479 | Molke | Christian | m | Moltkestraße 91 | 70180 | Stuttgart | Süd | 2010 | 1090815 | 5,69% | Stuttgart | 3 |
| 9 | Emilia Safir e. Kffr. | 41818 | Sorpe | Gustav | m | Karl-Diehl-Ring 264 | 46049 | Oberhausen | West | 2007 | 1069573 | 5,58% | Bremen | 3 |
| 10 | Rechit GmbH | 40356 | Lode-Wald | Reni | w | Robert-Koch-Allee 475 | 80333 | München | Süd | 2009 | 1064842 | 5,55% | Stuttgart | 3 |
| 11 | Flusserde GmbH | 25568 | Schmitt | Olga | w | Rosenstraße 9/11 | 18107 | Rostock | Ost | 2009 | 1062192 | 5,54% | Stuttgart | 3 |
| 12 | Gentner GbR | 32298 | Schön | Otto | m | Römerweg 39 | 36039 | Fulda | Mitte | 2006 | 1003884 | 5,24% | Bremen | 3 |
| 13 | Granit Design AG | 15453 | Kalke | Lisa | w | Mozartallee 8 | 40211 | Düsseldorf | West | 2009 | 800649 | 4,18% | Bremen | 3 |
| 14 | Ballas AG | 94452 | Bayat-Iras | Renate | w | Gerichtsstraße 7 | 97072 | Würzburg | Mitte | 1996 | 800629 | 4,18% | Bremen | 3 |
| 15 | Simar GmbH & Co. KG | 19643 | Jansen | Norbert | m | Maiplatz 20 | 10061 | Berlin | Ost | 2002 | 620148 | 3,23% | Stuttgart | 3 |
| 16 | Goldlauch OHG | 52849 | Schäfer | Ludger | m | Kaiserstraße 340 | 69129 | Heidelberg | Mitte | 2010 | 529003 | 2,76% | Bremen | 3 |
| 17 | Lucullan & Ünal OHG | 10743 | Hirsch | Christa | w | Tulpenweg 1 – 3 | 30003 | Hannover | Nord | 2012 | 520673 | 2,72% | Bremen | 3 |
| 18 | Fiorit OHG | 11471 | Fritz | Johannes | m | Breite Wiese 48 | 01609 | Lichtensee | Ost | 2010 | 421063 | 2,20% | Stuttgart | 3 |
| 19 | Perlspat KG | 10157 | Mauser | Egon | m | Viehweg 37 | 01239 | Dresden | Ost | 2003 | 395397 | 2,06% | Stuttgart | 3 |
| 20 | Elektron KG | 41834 | Berger | Paula | w | Gänsemarkt 43 | 64291 | Darmstadt | Mitte | 2008 | 388327 | 2,03% | Bremen | 3 |
| 21 | Ferroferrit GmbH | 79575 | Carges | Harald | m | Ludwigsring 38 | 90402 | Nürnberg | Süd | 2001 | 367548 | 1,92% | Stuttgart | 3 |
| 22 | Delta Diamas GmbH | 24422 | Fischer | Martin | m | Stettiner Straße 100 | 15230 | Frankfurt (Oder) | Ost | 2003 | 367540 | 1,92% | Stuttgart | 3 |
| 23 | Achatis GmbH & Co. KG | 45251 | Bellcher | Renate | w | Finkenweg 5 | 54411 | Hermeskeil | West | 2004 | 312206 | 1,63% | Bremen | 3 |
| 24 | Herbert Chinta e. Kfm. | 18968 | Schuber | Mathias | m | Friedensplatz 90 | 60310 | Frankfurt (Main) | Mitte | 2004 | 301683 | 1,57% | Bremen | 3 |
| 25 | Menakan & Mornit OHG | 21556 | Müller | Beate | w | Langgasse 12 a | 20099 | Hamburg | Nord | 2008 | 277228 | 1,45% | Bremen | 3 |
| 26 | Coralin AG | 14687 | Gröger | Elke | w | Buchenstraße 3 – 11 | 07318 | Wittgendorf | Ost | 2001 | 260783 | 1,36% | Stuttgart | 3 |
| 27 | Kiesball OHG | 41714 | Zicher | Walter | m | Ostwall 3 | 72072 | Tübingen | Süd | 2011 | 168446 | 0,88% | Stuttgart | 3 |
| 28 | Toramalli KG | 35247 | Zepten | Anna | w | Zum Kallenborn 29 | 25336 | Elmshorn | Nord | 2006 | 150176 | 0,78% | Bremen | 3 |
| 29 | Stonebuild mbH | 48128 | Mascher | Sabine | w | Bend 123 | 52062 | Aachen | West | 2006 | 139945 | 0,73% | Bremen | 3 |
| 30 | Olga Olivin e. Kffr. | 64307 | Huben | Maria | w | Sonnenscheingasse 207 | 76131 | Karlsruhe | Süd | 2004 | 66234 | 0,35% | Stuttgart | 3 |

## Tabellenblatt „Lieferanten Formeln“



| | A | B | C | D | E | F | G | H | I | J |
|---|---|---|---|---|---|---|---|---|---|---|
| 1 | Lieferer | Lieferanten-Nr. | Ansprech-partner | Vorname | Geschlecht | Straße | PLZ | Ort | Region | Lieferant seit |
| 2 | Inka AG | 26848 | Gallen | Rudolf | m | Elbchaussee 350 | 20095 | Hamburg | Nord | 2008 |
| 3 | Jade OHG | 62264 | Peldewald | Xaver | m | Moritzgasse 4 | 87459 | Pfronten | Süd | 2007 |
| 4 | Blaustein mbH | 35518 | Fischer | Ute | w | Europastraße 100 – 102 | 58091 | Hagen | West | 2003 |
| 5 | Rindenstein & Waise OHG | 66298 | Hillen | Sabine | w | Heiliger Weg 91 | 92224 | Amberg | Süd | 2004 |
| 6 | Itabrit OHG | 20929 | Meuler | Dieter | m | Grotefendweg 23 | 31137 | Hildesheim | Nord | 2003 |
| 7 | Lapis OHG | 42156 | Schuster | Harald | m | An den Stümpen 48 | 49080 | Osnabrück | West | 2008 |
| 8 | Kalbait GmbH | 35479 | Molke | Christian | m | Moltkestraße 91 | 70180 | Stuttgart | Süd | 2010 |
| 9 | Emilia Safir e. Kffr. | 41818 | Sorpe | Gustav | m | Karl-Diehl-Ring 264 | 46049 | Oberhausen | West | 2007 |
| 10 | Rechit GmbH | 40356 | Lode-Wald | Reni | w | Robert-Koch-Allee 475 | 80333 | München | Süd | 2009 |
| 11 | Flusserde GmbH | 25568 | Schmitt | Olga | w | Rosenstraße 9/11 | 18107 | Rostock | Ost | 2009 |
| 12 | Gentner GbR | 32298 | Schön | Otto | m | Römerweg 39 | 36039 | Fulda | Mitte | 2006 |
| 13 | Granit Design AG | 15453 | Kalke | Lisa | w | Mozartallee 8 | 40211 | Düsseldorf | West | 2009 |
| 14 | Ballas AG | 94452 | Bayat-Iras | Renate | w | Gerichtsstraße 7 | 97072 | Würzburg | Mitte | 1996 |
| 15 | Simar GmbH & Co. KG | 19643 | Jansen | Norbert | m | Maiplatz 20 | 10061 | Berlin | Ost | 2002 |
| 16 | Goldlauch OHG | 52849 | Schäfer | Ludger | m | Kaiserstraße 340 | 69129 | Heidelberg | Mitte | 2010 |
| 17 | Lucullan & Ünal OHG | 10743 | Hirsch | Christa | w | Tulpenweg 1 – 3 | 30003 | Hannover | Nord | 2012 |
| 18 | Fiorit OHG | 11471 | Fritz | Johannes | m | Breite Wiese 48 | 1609 | Lichtensee | Ost | 2010 |
| 19 | Perlspat KG | 10157 | Mauser | Egon | m | Viehweg 37 | 1239 | Dresden | Ost | 2003 |
| 20 | Elektron KG | 41834 | Berger | Paula | w | Gänsemarkt 43 | 64291 | Darmstadt | Mitte | 2008 |
| 21 | Ferroferrit GmbH | 79575 | Carges | Harald | m | Ludwigsring 38 | 90402 | Nürnberg | Süd | 2001 |
| 22 | Delta Diamas GmbH | 24422 | Fischer | Martin | m | Stettiner Straße 100 | 15230 | Frankfurt (Oder) | Ost | 2003 |
| 23 | Achatis GmbH & Co. KG | 45251 | Bellcher | Renate | w | Finkenweg 5 | 54411 | Hermeskeil | West | 2004 |
| 24 | Herbert Chinta e. Kfm. | 18968 | Schuber | Mathias | m | Friedensplatz 90 | 60310 | Frankfurt (Main) | Mitte | 2004 |
| 25 | Menakan & Mornit OHG | 21556 | Müller | Beate | w | Langgasse 12 a | 20099 | Hamburg | Nord | 2008 |
| 26 | Coralin AG | 14687 | Gröger | Elke | w | Buchenstraße 3 – 11 | 7318 | Wittgendorf | Ost | 2001 |
| 27 | Kiesball OHG | 41714 | Zicher | Walter | m | Ostwall 3 | 72072 | Tübingen | Süd | 2011 |
| 28 | Toramalli KG | 35247 | Zepten | Anna | w | Zum Kallenborn 29 | 25336 | Elmshorn | Nord | 2006 |
| 29 | Stonebuild mbH | 48128 | Mascher | Sabine | w | Bend 123 | 52062 | Aachen | West | 2006 |
| 30 | Olga Olivin e. Kffr. | 64307 | Huben | Maria | w | Sonnenscheingasse 207 | 76131 | Karlsruhe | Süd | 2004 |

Web

Web

| | K | L | M | N |
|---|---|---|---|---|
| 1 | Umsatz der letzten 2 Jahre | Anteil am Gesamt EK Volumen | T-Ort | V-Gutschein |
| 2 | =SVERWEIS(B2;'EK_Umsatz Lösung'!$A$2:$J$30;10;0) | =K2/SUMME(K:K) | =WENN(ODER(I2="süd";I2="ost");"Stuttgart";"Bremen") | =WENN(UND(J2<2005;K2>1000000);6;3) |
| 3 | =SVERWEIS(B3;'EK_Umsatz Lösung'!$A$2:$J$30;10;0) | =K3/SUMME(K:K) | =WENN(ODER(I3="süd";I3="ost");"Stuttgart";"Bremen") | =WENN(UND(J3<2005;K3>1000000);6;3) |
| 4 | =SVERWEIS(B4;'EK_Umsatz Lösung'!$A$2:$J$30;10;0) | =K4/SUMME(K:K) | =WENN(ODER(I4="süd";I4="ost");"Stuttgart";"Bremen") | =WENN(UND(J4<2005;K4>1000000);6;3) |
| 5 | =SVERWEIS(B5;'EK_Umsatz Lösung'!$A$2:$J$30;10;0) | =K5/SUMME(K:K) | =WENN(ODER(I5="süd";I5="ost");"Stuttgart";"Bremen") | =WENN(UND(J5<2005;K5>1000000);6;3) |
| 6 | =SVERWEIS(B6;'EK_Umsatz Lösung'!$A$2:$J$30;10;0) | =K6/SUMME(K:K) | =WENN(ODER(I6="süd";I6="ost");"Stuttgart";"Bremen") | =WENN(UND(J6<2005;K6>1000000);6;3) |
| 7 | =SVERWEIS(B7;'EK_Umsatz Lösung'!$A$2:$J$30;10;0) | =K7/SUMME(K:K) | =WENN(ODER(I7="süd";I7="ost");"Stuttgart";"Bremen") | =WENN(UND(J7<2005;K7>1000000);6;3) |
| 8 | =SVERWEIS(B8;'EK_Umsatz Lösung'!$A$2:$J$30;10;0) | =K8/SUMME(K:K) | =WENN(ODER(I8="süd";I8="ost");"Stuttgart";"Bremen") | =WENN(UND(J8<2005;K8>1000000);6;3) |
| 9 | =SVERWEIS(B9;'EK_Umsatz Lösung'!$A$2:$J$30;10;0) | =K9/SUMME(K:K) | =WENN(ODER(I9="süd";I9="ost");"Stuttgart";"Bremen") | =WENN(UND(J9<2005;K9>1000000);6;3) |
| 10 | =SVERWEIS(B10;'EK_Umsatz Lösung'!$A$2:$J$30;10;0) | =K10/SUMME(K:K) | =WENN(ODER(I10="süd";I10="ost");"Stuttgart";"Bremen") | =WENN(UND(J10<2005;K10>1000000);6;3) |
| 11 | =SVERWEIS(B11;'EK_Umsatz Lösung'!$A$2:$J$30;10;0) | =K11/SUMME(K:K) | =WENN(ODER(I11="süd";I11="ost");"Stuttgart";"Bremen") | =WENN(UND(J11<2005;K11>1000000);6;3) |
| 12 | =SVERWEIS(B12;'EK_Umsatz Lösung'!$A$2:$J$30;10;0) | =K12/SUMME(K:K) | =WENN(ODER(I12="süd";I12="ost");"Stuttgart";"Bremen") | =WENN(UND(J12<2005;K12>1000000);6;3) |
| 13 | =SVERWEIS(B13;'EK_Umsatz Lösung'!$A$2:$J$30;10;0) | =K13/SUMME(K:K) | =WENN(ODER(I13="süd";I13="ost");"Stuttgart";"Bremen") | =WENN(UND(J13<2005;K13>1000000);6;3) |
| 14 | =SVERWEIS(B14;'EK_Umsatz Lösung'!$A$2:$J$30;10;0) | =K14/SUMME(K:K) | =WENN(ODER(I14="süd";I14="ost");"Stuttgart";"Bremen") | =WENN(UND(J14<2005;K14>1000000);6;3) |
| 15 | =SVERWEIS(B15;'EK_Umsatz Lösung'!$A$2:$J$30;10;0) | =K15/SUMME(K:K) | =WENN(ODER(I15="süd";I15="ost");"Stuttgart";"Bremen") | =WENN(UND(J15<2005;K15>1000000);6;3) |
| 16 | =SVERWEIS(B16;'EK_Umsatz Lösung'!$A$2:$J$30;10;0) | =K16/SUMME(K:K) | =WENN(ODER(I16="süd";I16="ost");"Stuttgart";"Bremen") | =WENN(UND(J16<2005;K16>1000000);6;3) |
| 17 | =SVERWEIS(B17;'EK_Umsatz Lösung'!$A$2:$J$30;10;0) | =K17/SUMME(K:K) | =WENN(ODER(I17="süd";I17="ost");"Stuttgart";"Bremen") | =WENN(UND(J17<2005;K17>1000000);6;3) |
| 18 | =SVERWEIS(B18;'EK_Umsatz Lösung'!$A$2:$J$30;10;0) | =K18/SUMME(K:K) | =WENN(ODER(I18="süd";I18="ost");"Stuttgart";"Bremen") | =WENN(UND(J18<2005;K18>1000000);6;3) |
| 19 | =SVERWEIS(B19;'EK_Umsatz Lösung'!$A$2:$J$30;10;0) | =K19/SUMME(K:K) | =WENN(ODER(I19="süd";I19="ost");"Stuttgart";"Bremen") | =WENN(UND(J19<2005;K19>1000000);6;3) |
| 20 | =SVERWEIS(B20;'EK_Umsatz Lösung'!$A$2:$J$30;10;0) | =K20/SUMME(K:K) | =WENN(ODER(I20="süd";I20="ost");"Stuttgart";"Bremen") | =WENN(UND(J20<2005;K20>1000000);6;3) |
| 21 | =SVERWEIS(B21;'EK_Umsatz Lösung'!$A$2:$J$30;10;0) | =K21/SUMME(K:K) | =WENN(ODER(I21="süd";I21="ost");"Stuttgart";"Bremen") | =WENN(UND(J21<2005;K21>1000000);6;3) |
| 22 | =SVERWEIS(B22;'EK_Umsatz Lösung'!$A$2:$J$30;10;0) | =K22/SUMME(K:K) | =WENN(ODER(I22="süd";I22="ost");"Stuttgart";"Bremen") | =WENN(UND(J22<2005;K22>1000000);6;3) |
| 23 | =SVERWEIS(B23;'EK_Umsatz Lösung'!$A$2:$J$30;10;0) | =K23/SUMME(K:K) | =WENN(ODER(I23="süd";I23="ost");"Stuttgart";"Bremen") | =WENN(UND(J23<2005;K23>1000000);6;3) |
| 24 | =SVERWEIS(B24;'EK_Umsatz Lösung'!$A$2:$J$30;10;0) | =K24/SUMME(K:K) | =WENN(ODER(I24="süd";I24="ost");"Stuttgart";"Bremen") | =WENN(UND(J24<2005;K24>1000000);6;3) |
| 25 | =SVERWEIS(B25;'EK_Umsatz Lösung'!$A$2:$J$30;10;0) | =K25/SUMME(K:K) | =WENN(ODER(I25="süd";I25="ost");"Stuttgart";"Bremen") | =WENN(UND(J25<2005;K25>1000000);6;3) |
| 26 | =SVERWEIS(B26;'EK_Umsatz Lösung'!$A$2:$J$30;10;0) | =K26/SUMME(K:K) | =WENN(ODER(I26="süd";I26="ost");"Stuttgart";"Bremen") | =WENN(UND(J26<2005;K26>1000000);6;3) |
| 27 | =SVERWEIS(B27;'EK_Umsatz Lösung'!$A$2:$J$30;10;0) | =K27/SUMME(K:K) | =WENN(ODER(I27="süd";I27="ost");"Stuttgart";"Bremen") | =WENN(UND(J27<2005;K27>1000000);6;3) |
| 28 | =SVERWEIS(B28;'EK_Umsatz Lösung'!$A$2:$J$30;10;0) | =K28/SUMME(K:K) | =WENN(ODER(I28="süd";I28="ost");"Stuttgart";"Bremen") | =WENN(UND(J28<2005;K28>1000000);6;3) |
| 29 | =SVERWEIS(B29;'EK_Umsatz Lösung'!$A$2:$J$30;10;0) | =K29/SUMME(K:K) | =WENN(ODER(I29="süd";I29="ost");"Stuttgart";"Bremen") | =WENN(UND(J29<2005;K29>1000000);6;3) |
| 30 | =SVERWEIS(B30;'EK_Umsatz Lösung'!$A$2:$J$30;10;0) | =K30/SUMME(K:K) | =WENN(ODER(I30="süd";I30="ost");"Stuttgart";"Bremen") | =WENN(UND(J30<2005;K30>1000000);6;3) |

## Aufgabe 2

### Tabellenblatt „Lösung Diagramm“

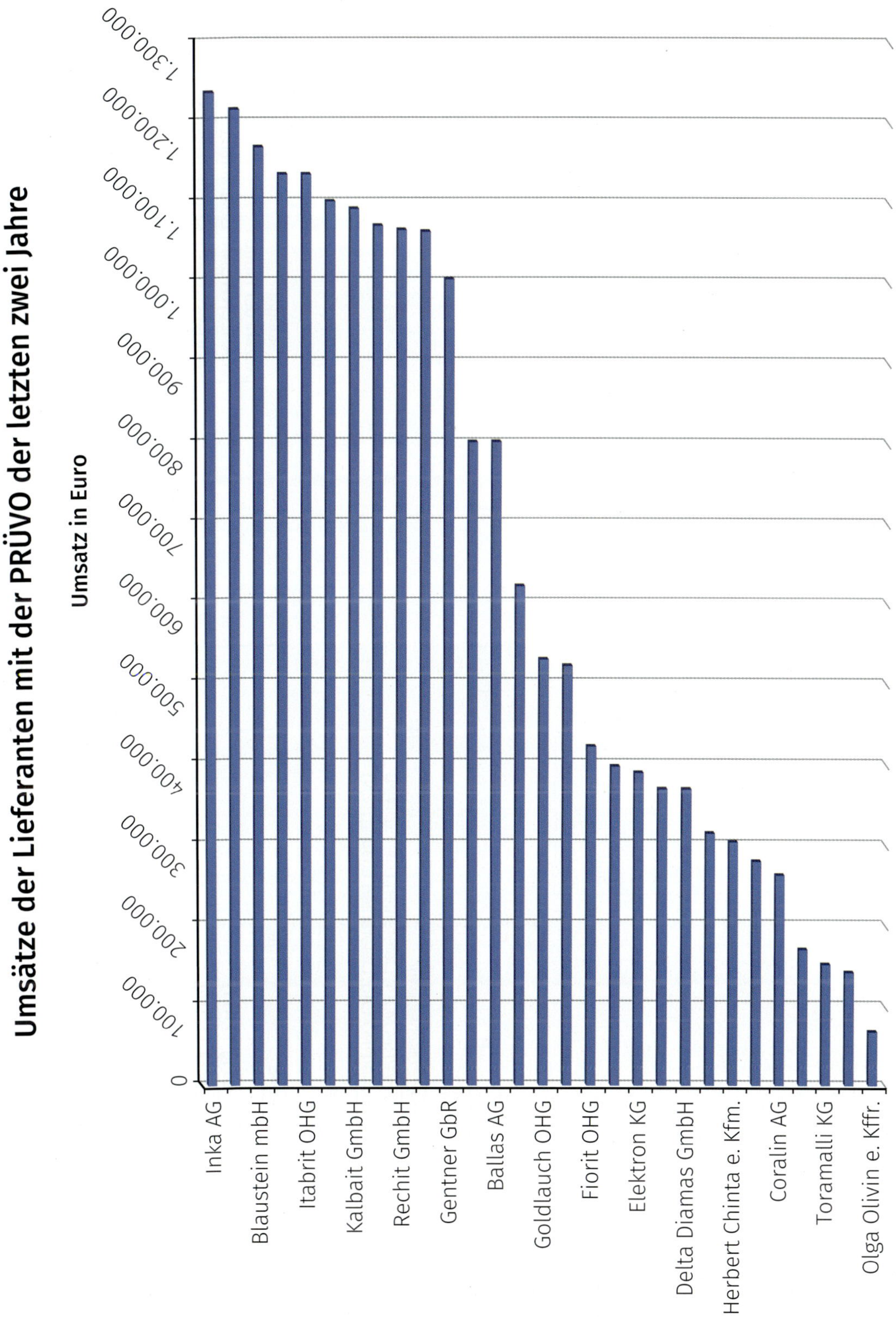

## Aufgabe 3

### Tabellenblatt „Auswertung Lösung und Formeln“

| | A | B | C | D | E |
|---|---|---|---|---|---|
| 1 | | | | | |
| 2 | | | | | |
| 3 | Anzahl der Freikarten für | | | | |
| 4 | Bremen | 54 | | | |
| 5 | Stuttgart | 42 | | | |
| 6 | Gesamt | 96 | | | |
| 7 | | | | | |
| 8 | | | | | |
| 9 | Bremen | | | Stuttgart | |
| 10 | | Anzahl der Firmen | | | Anzahl der Firmen |
| 11 | Nord | 5 | | Ost | 6 |
| 12 | Mitte | 5 | | Süd | 7 |
| 13 | West | 6 | | Gesamt | 13 |
| 14 | Gesamt | 16 | | | |

| | A | B | C | D | E |
|---|---|---|---|---|---|
| 1 | | | | | |
| 2 | | | | | |
| 3 | Anzahl der Verzehrgutscheine für | | | | |
| 4 | Bremen | =SUMMEWENN('Lieferanten Lösung'!M:M;A4;'Lieferanten Lösung'!N:N) | | | |
| 5 | Stuttgart | =SUMMEWENN('Lieferanten Lösung'!M:M;A5;'Lieferanten Lösung'!N:N) | | | |
| 6 | Gesamt | =SUMME(B4:B5) | | | |
| 7 | | | | | |
| 8 | | | | | |
| 9 | Bremen | | | Stuttgart | |
| 10 | | Anzahl der Firmen | | | Anzahl der Firmen |
| 11 | Nord | =ZÄHLENWENN('Lieferanten Lösung'!I:I;A11) | | Ost | =ZÄHLENWENN('Lieferanten Lösung'!I:I;D11) |
| 12 | Mitte | =ZÄHLENWENN('Lieferanten Lösung'!I:I;A12) | | Süd | =ZÄHLENWENN('Lieferanten Lösung'!I:I;D12) |
| 13 | West | =ZÄHLENWENN('Lieferanten Lösung'!I:I;A13) | | Gesamt | =SUMME(E11:E12) |
| 14 | Gesamt | =SUMME(B11:B13) | | | |
| 15 | | | | | |

## Aufgabe 4

## Einladung mit Feldfunktion

Prüvo GmbH

Prüvo GmbH Büromöbel

Prüvo GmbH, Münchener Straße 7 – 11, 52062 Aachen
{ MERGEFIELD "Lieferer" }
{ IF m = "m" "Herrn" "Frau" } { MERGEFIELD "Vorname" } { MERGEFIELD "Ansprech_partner" }
{ MERGEFIELD "Straße" }
{ MERGEFIELD PLZ \#"00000;;" } { MERGEFIELD "Ort" }

Ihr Zeichen:
Ihre Nachricht vom:
Unser Zeichen: ek-kk
Unsere Nachricht vom:

Name: Karin Korall
Telefon: 0241 5869-456
Telefax: 0241 5869-444
E-Mail: korall-einkauf@pruevo-gmbh.de

Datum: 05.12.20xx

**Einladung zu unserem Innovation Day**

Sehr geehrter Herr Fritz,

es ist mal wieder soweit. Alle fünf Jahre steht unser Innovation Day an.

Wir laden Sie am **{ IF Stuttgart = "Stuttgart" "11.03.20xx" "10.03.20xx" }**

ins { IF Stuttgart = "Stuttgart" "Tagungshotel **'Zum Schiefer',** Rothaarstraße 7 - 11, 70180 Stuttgart" "Tagungshotel **'Zum blauen Azurit',** Fritz-Mauser-Straße 50 - 52, 28195 Bremen" }

recht herzlich ein, bei der Vorstellung unserer neuen Produkte dabei zu sein. Erleben Sie unsere Produktpräsentation ohne Hektik und Zeitdruck in einer gemütlichen Atmosphäre. Es ist uns optimal gelungen, Bewährtes und Neues in Einklang zu bringen.

Namhafte Fachleute werden uns an diesem Tag begleiten. Wir freuen uns besonders, am Vormittag Dr. Frank Müller-Vollfarth und am Nachmittag Frau Prof. Swetlana Pustola begrüßen zu dürfen. Herr Dr. Müller-Vollfarth wird zum Thema „Ergonomischer Arbeitsplatz" und Frau Prof. Pustola zum Thema „Einsatz nachhaltiger Werkstoffe im Bürobereich" referieren.

Während des gesamten Tages werden von unseren Gebietsleitern die neuen Produkte präsentiert.

Damit Sie sich optimal vorbereiten können, senden wir Ihnen vorab unseren neuen Produktflyer zu.

Zögern Sie nicht, mit dem für Sie zuständigen Gebietsleiter Kontakt aufzunehmen, und melden Sie sich auch dort zum Besuch des Innovation Days an. Ihr Gebietsleiter hält auch die für diesen Tag ausgestellten { IF 3 = 3 "drei" "sechs" } Verzehrgutscheine bereit.

Wir freuen uns auf Ihren Besuch. Lassen Sie sich überraschen!

Freundliche Grüße

Prüvo GmbH

Korall

Anlage
1 Produktflyer

| | | | | |
|---|---|---|---|---|
| Prüvo GmbH<br>Münchener Straße 7 – 11<br>52062 Aachen<br>Steuer-Nr.: 32/342/43768<br>USt-IdNr.: DE865945748 | Geschäftsführerin:<br>Dr. Stefanie Steiner<br><br>HRB 8894<br>Amtsgericht Aachen | Telefon:<br>Fax:<br><br>Internet:<br>E-Mail: | 0241 5869-0<br>0241 5869-444<br><br>www.pruevo-gmbh.de<br>info@pruevo-gmbh.de | Bankverbindung:<br>Sparkasse Aachen<br><br>BIC AACSDE33XXX<br>IBAN DE08 3905 0000 0152 3567 88 |

## Einladung ohne Feldfunktion

Web

**Prüvo GmbH**

Prüvo GmbH, Münchener Straße 7 – 11, 52062 Aachen
Fiorit OHG
Herrn Johannes Fritz
Breite Wiese 48
01609 Lichtensee

Ihr Zeichen:
Ihre Nachricht vom:
Unser Zeichen: ek-kk
Unsere Nachricht vom:

Name: Karin Korall
Telefon: 0241 5869-456
Telefax: 0241 5869-444
E-Mail: korall-einkauf@pruevo-gmbh.de

Datum: 05.12.20xx

**Einladung zu unserem Innovation Day**

Sehr geehrter Herr Fritz,

es ist mal wieder soweit. Alle fünf Jahre steht unser Innovation Day an.

Wir laden Sie am **10.03.20xx**

ins Tagungshotel **„Zum Schiefer“**, Rothaarstraße 7 – 11, 70180 Stuttgart

recht herzlich ein, bei der Vorstellung unserer neuen Produkte dabei zu sein. Erleben Sie unsere Produktpräsentation ohne Hektik und Zeitdruck in einer gemütlichen Atmosphäre. Es ist uns optimal gelungen, Bewährtes und Neues in Einklang zu bringen.

Namhafte Fachleute werden uns an diesem Tag begleiten. Wir freuen uns besonders, am Vormittag Dr. Frank Müller-Vollfarth und am Nachmittag Frau Prof. Swetlana Pustola begrüßen zu dürfen. Herr Dr. Müller-Vollfarth wird zum Thema „Ergonomischer Arbeitsplatz“ und Frau Prof. Pustola zum Thema „Einsatz nachhaltiger Werkstoffe im Bürobereich“ referieren.

Während des gesamten Tages werden von unseren Gebietsleitern die neuen Produkte präsentiert.

Damit Sie sich optimal vorbereiten können, senden wir Ihnen vorab unseren neuen Produktflyer zu.

Zögern Sie nicht, mit dem für Sie zuständigen Gebietsleiter Kontakt aufzunehmen, und melden Sie sich auch dort zum Besuch des Innovation Days an. Ihr Gebietsleiter hält auch die für diesen Tag ausgestellten drei Verzehrgutscheine bereit.

Wir freuen uns auf Ihren Besuch. Lassen Sie sich überraschen!

Freundliche Grüße

Prüvo GmbH

Korall

Anlage
1 Produktflyer

| | | | | |
|---|---|---|---|---|
| Prüvo GmbH<br>Münchener Straße 7 – 11<br>52062 Aachen<br>Steuer-Nr.: 32/342/43768<br>USt-IdNr.: DE865945748 | Geschäftsführerin:<br>Dr. Stefanie Steiner<br><br>HRB 8894<br>Amtsgericht Aachen | Telefon:<br>Fax:<br><br>Internet:<br>E-Mail: | 0241 5869-0<br>0241 5869-444<br><br>www.pruevo-gmbh.de<br>info@pruevo-gmbh.de | Bankverbindung:<br>Sparkasse Aachen<br><br>BIC AACSDE33XXX<br>IBAN DE08 3905 0000 0152 3567 88 |

## Datenquelle aus dem Excel-Tabellenblatt „Lieferanten Lösung“



| | A | B | C | D | E | F | G | H | I | J | K | L | M | N |
|---|---|---|---|---|---|---|---|---|---|---|---|---|---|---|
| 1 | Lieferer | Lieferanten-Nr. | Ansprech-partner | Vorname | Geschlecht | Straße | PLZ | Ort | Region | Lieferant seit | Umsatz der letzten 2 Jahre | Anteil am Gesamt EK Volumen | T-Ort | V-Gutschein |
| 2 | Inka AG | 26848 | Gallen | Rudolf | m | Elbchaussee 350 | 20095 | Hamburg | Nord | 2008 | 1.237.147 | 6,45% | Bremen | 3 |
| 3 | Jade OHG | 62264 | Peldewald | Xaver | m | Moritzgasse 4 | 87459 | Pfronten | Süd | 2007 | 1.215.726 | 6,34% | Stuttgart | 3 |
| 4 | Blaustein mbH | 35518 | Fischer | Ute | w | Europastraße 100 – 102 | 58091 | Hagen | West | 2003 | 1.168.295 | 6,09% | Bremen | 6 |
| 5 | Rindenstein & Waise OHG | 66298 | Hillen | Sabine | w | Heiliger Weg 91 | 92224 | Amberg | Süd | 2004 | 1.134.542 | 5,92% | Stuttgart | 6 |
| 6 | Itabrit OHG | 20929 | Meuler | Dieter | m | Grotefendweg 23 | 31137 | Hildesheim | Nord | 2003 | 1.134.528 | 5,92% | Bremen | 6 |
| 7 | Lapis OHG | 42156 | Schuster | Harald | m | An den Stümpen 48 | 49080 | Osnabrück | West | 2008 | 1.101.279 | 5,74% | Bremen | 3 |
| 8 | Kalbait GmbH | 35479 | Molke | Christian | m | Moltkestraße 91 | 70180 | Stuttgart | Süd | 2010 | 1.090.815 | 5,69% | Stuttgart | 3 |
| 9 | Emilia Safir e. Kffr. | 41818 | Sorpe | Gustav | m | Karl-Diehl-Ring 264 | 46049 | Oberhausen | West | 2007 | 1.069.573 | 5,58% | Bremen | 3 |
| 10 | Rechit GmbH | 40356 | Lode-Wald | Reni | w | Robert-Koch-Allee 475 | 80333 | München | Süd | 2009 | 1.064.842 | 5,55% | Stuttgart | 3 |
| 11 | Flusserde GmbH | 25568 | Schmitt | Olga | w | Rosenstraße 9/11 | 18107 | Rostock | Ost | 2009 | 1.062.192 | 5,54% | Stuttgart | 3 |
| 12 | Gentner GbR | 32298 | Schön | Otto | m | Römerweg 39 | 36039 | Fulda | Mitte | 2006 | 1.003.884 | 5,24% | Bremen | 3 |
| 13 | Granit Design AG | 15453 | Kalke | Lisa | w | Mozartallee 8 | 40211 | Düsseldorf | West | 2009 | 800.649 | 4,18% | Bremen | 3 |
| 14 | Ballas AG | 94452 | Bayat-Iras | Renate | w | Gerichtsstraße 7 | 97072 | Würzburg | Mitte | 1996 | 800.629 | 4,18% | Bremen | 3 |
| 15 | Simar GmbH & Co. KG | 19643 | Jansen | Norbert | m | Maiplatz 20 | 10061 | Berlin | Ost | 2002 | 620.148 | 3,23% | Stuttgart | 3 |
| 16 | Goldlauch OHG | 52849 | Schäfer | Ludger | m | Kaiserstraße 340 | 69129 | Heidelberg | Mitte | 2010 | 529.003 | 2,76% | Bremen | 3 |
| 17 | Lucullan & Ünal OHG | 10743 | Hirsch | Christa | w | Tulpenweg 1 – 3 | 30003 | Hannover | Nord | 2012 | 520.673 | 2,72% | Bremen | 3 |
| 18 | Fiorit OHG | 11471 | Fritz | Johannes | m | Breite Wiese 48 | 01609 | Lichtensee | Ost | 2010 | 421.063 | 2,20% | Stuttgart | 3 |
| 19 | Perlspat KG | 10157 | Mauser | Egon | m | Viehweg 37 | 01239 | Dresden | Ost | 2003 | 395.397 | 2,06% | Stuttgart | 3 |
| 20 | Elektron KG | 41834 | Berger | Paula | w | Gänsemarkt 43 | 64291 | Darmstadt | Mitte | 2008 | 388.327 | 2,03% | Bremen | 3 |
| 21 | Ferroferrit GmbH | 79575 | Carges | Harald | m | Ludwigsring 38 | 90402 | Nürnberg | Süd | 2001 | 367.548 | 1,92% | Stuttgart | 3 |
| 22 | Delta Diamas GmbH | 24422 | Fischer | Martin | m | Stettiner Straße 100 | 15230 | Frankfurt (Oder) | Ost | 2003 | 367.540 | 1,92% | Stuttgart | 3 |
| 23 | Achatis GmbH & Co. KG | 45251 | Bellcher | Renate | w | Finkenweg 5 | 54411 | Hermeskeil | West | 2004 | 312.206 | 1,63% | Bremen | 3 |
| 24 | Herbert Chinta e. Kfm. | 18968 | Schuber | Mathias | m | Friedensplatz 90 | 60310 | Frankfurt (Main) | Mitte | 2004 | 301.683 | 1,57% | Bremen | 3 |
| 25 | Menakan & Mornit OHG | 21556 | Müller | Beate | w | Langgasse 12 a | 20099 | Hamburg | Nord | 2008 | 277.228 | 1,45% | Bremen | 3 |
| 26 | Coralin AG | 14687 | Gröger | Elke | w | Buchenstraße 3 – 11 | 07318 | Wittgendorf | Ost | 2001 | 260.783 | 1,36% | Stuttgart | 3 |
| 27 | Kiesball OHG | 41714 | Zicher | Walter | m | Ostwall 3 | 72072 | Tübingen | Süd | 2011 | 168.446 | 0,88% | Stuttgart | 3 |
| 28 | Toramalli KG | 35247 | Zepten | Anna | w | Zum Kallenborn 29 | 25336 | Elmshorn | Nord | 2006 | 150.176 | 0,78% | Bremen | 3 |
| 29 | Stonebuild mbH | 48128 | Mascher | Sabine | w | Bend 123 | 52062 | Aachen | West | 2006 | 139.945 | 0,73% | Bremen | 3 |
| 30 | Olga Olivin e. Kffr. | 64307 | Huben | Maria | w | Sonnenscheingasse 207 | 76131 | Karlsruhe | Süd | 2004 | 66.234 | 0,35% | Stuttgart | 3 |

Web

## Aufgabe 5

### Programmablauf

Web

Prüvo GmbH

Prüvo GmbH Büromöbel

**Programmablauf**
**Innovation Day am 11.03.20xx**

Tagungshotel „Zum blauen Azurit“
Fritz-Mauser-Str. 50 – 52
28195 Bremen

**Tagungsraum: Bremen und Hamburg**

| **Uhrzeit** | **Thema** |
|---|---|
| 09:00 Uhr | Tagungsbeginn und Begrüßung |
| 09:30 – 10:30 Uhr | Vortrag „Ergonomische Arbeitsplatzgestaltung“<br>Referent: Dr. Frank Müller-Vollfarth |
| 10:30 – 11:00 Uhr | Kaffeepause |
| 11:00 – 13:00 Uhr | Produktpräsentation |
| 13:00 – 14:00 Uhr | Mittagessen |
| 14:00 – 16:00 Uhr | Vortrag „Einsatz nachhaltiger Werkstoffe im Bürobereich“<br>Referentin: Prof. Swetlana Pustola |
| 16:00 – 16:30 Uhr | Kaffeepause |
| 16:30 – 18:00 Uhr | Produktpräsentation |
| 18:00 Uhr | Tagungsende |

| | | | | |
|---|---|---|---|---|
| Prüvo GmbH<br>Münchener Straße 7 – 11<br>52062 Aachen<br>Steuer-Nr.: 32/342/43768<br>USt-IdNr.: DE865945748 | Geschäftsführerin:<br>Dr. Stefanie Steiner<br><br>HRB 8894<br>Amtsgericht Aachen | Telefon:<br>Fax:<br><br>Internet:<br>E-Mail: | 0241 5869-0<br>0241 5869-444<br><br>www.pruevo-gmbh.de<br>info@pruevo-gmbh.de | Bankverbindung:<br>Sparkasse Aachen<br><br>BIC AACSDE33XXX<br>IBAN DE08 3905 0000 0152 3567 88 |

# Teil C: Meilensteine und Stolpersteine – Weiterführende Lösungshinweise zu den Aufgaben

## Prüfung 1 Messe „Innovation Days“ für zwei Standorte vorbereiten

**Tabellenkalkulation**

- Umsatz ermitteln
- Standort (Bremen oder Stuttgart) der Lieferanten bestimmen
- Anzahl der Verzehrgutscheine festlegen
- im Diagramm die Umsätze darstellen

**Textverarbeitung**

- Einladung für den Innovation Day in Bremen formulieren
- Programmablauf für den Tagungsort Bremen zusammenstellen

## Aufgabe 1 – Auswertung der Stammdaten unserer Lieferanten

### Allgemeines zum SVERWEIS

Suchfunktionen, wie der Name schon sagt, suchen etwas. Beim kaufmännischen Verwenden von Excel werden der SVERWEIS und der WVERWEIS am häufigsten verwendet. Hier geht es jedoch nur um den SVERWEIS. Schaut man sich den Funktionsassistenten genau an, kann man besser verstehen, wie die Suchfunktionen in Tabellenkalkulationsprogrammen arbeiten.

Dazu schauen wir uns die Aufgabe 1.2 beispielhaft an:

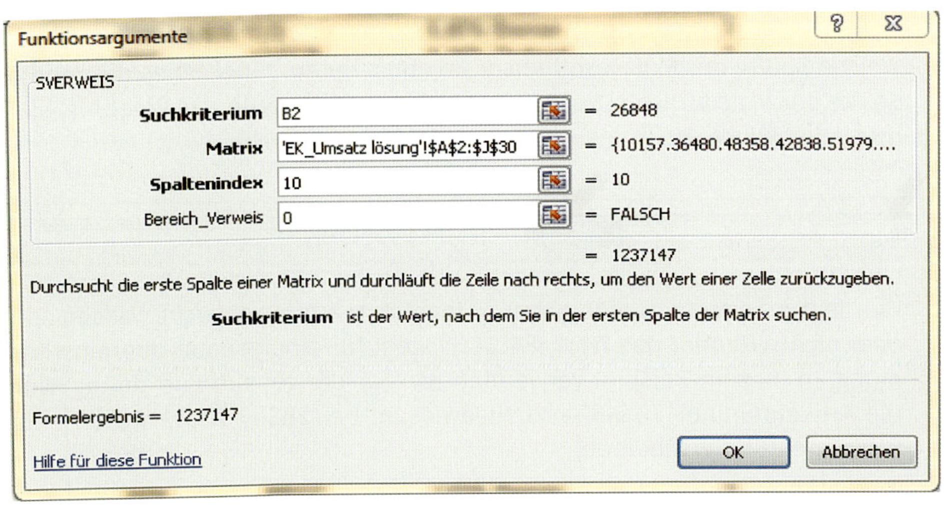

**Suchkriterium**

Was suchen wir?
Hier die Artikelnummer 26848.

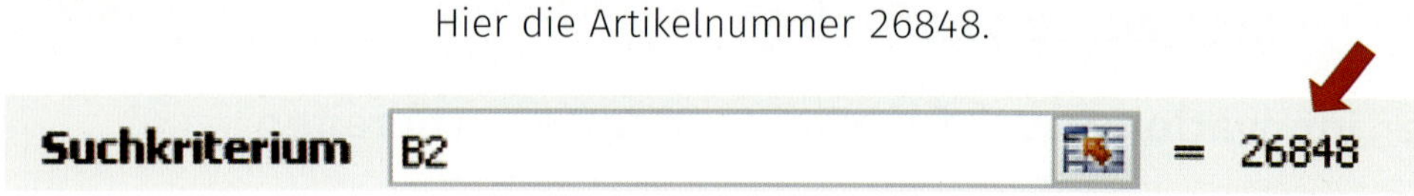


**Matrix**

Wo suchen wir?
Hier können Bereiche angegeben werden. Wichtig ist immer: Die erste Spalte muss das Suchkriterium enthalten. Kontrolle:

= {10157.36480.48358.42838.51979....

Es beginnt mit dem Lieferanten 10157, also richtig. Hier im Beispiel: Die Kundennummer 26848 muss in der ersten Spalte enthalten sein, die mit 10157 beginnt. Möglich ist auch eine Markierung der ganzen Spalte, die folgendes Ergebnis zeigen würde: 'EK_Umsatz Lösung'! bezeichnet hier das Tabellenblatt. A bis J (A:J) sind die markierten Spalten.

Ist der Bereich vorher benannt worden, kann man auch den Namen des Bereiches mit folgendem Ergebnis angeben:

Hier kann man die Benennung des Namenfeldes „Umsatz" erkennen und die 10157 als erste Zelle des markierten Bereiches (Namenfeld).

**Spaltenindex**

Welche Spalte der Matrix soll unser Ergebnis liefern? Hier ist es die zehnte Spalte der Matrix. Die erste 10 ist eingetragen, die zweite das Ergebnis, hier also auch gleich 10.

**Bereich_Verweis**

Hier legt man fest, ob eine genaue Übereinstimmung gesucht werden soll oder nicht. „0" oder das Wort „FALSCH" steht für eine genaue Übereinstimmung, In diesem Beispiel verwenden wir nur die genaue Zuordnung. **Nur** die Artikelnummer 26848 wird zugewiesen. Bei 26849 bspw. würde eine Fehlermeldung erscheinen.

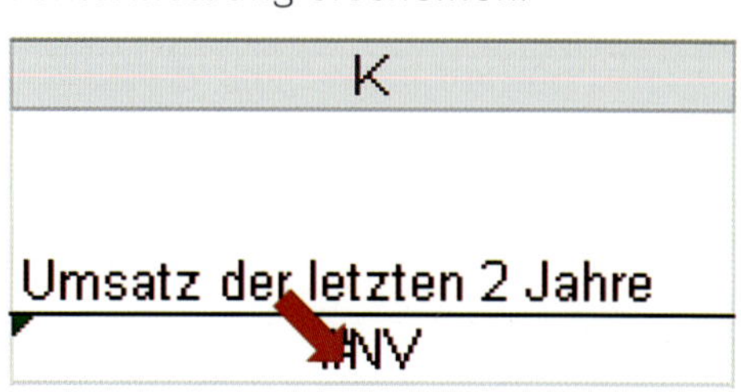

„1“ oder das Wort „WAHR“ wird eingetragen, wenn die Zwischenwerte zugelassen werden sollen; z. B. bei Umsatzzahlen, bei denen alle Umsatzzahlen zwischen zwei Werten einem Rabattsatz zugeordnet werden.

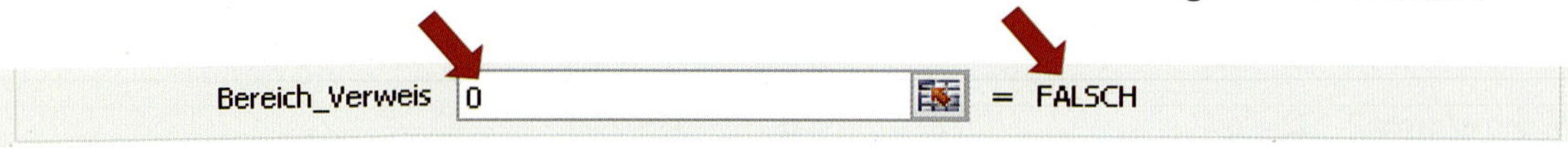


## Allgemeines zur WENN-Funktion in Verbindung mit UND und ODER

Diese Funktionen nennt man logische Funktionen; es gibt keine starre Vorgehensweise. Die Kombinationen mit UND und ODER ermöglichen eine Vielzahl von Fragestellungen für den kaufmännischen Gebrauch.

Dazu schauen wir uns die Aufgabe 1.3 beispielhaft an:

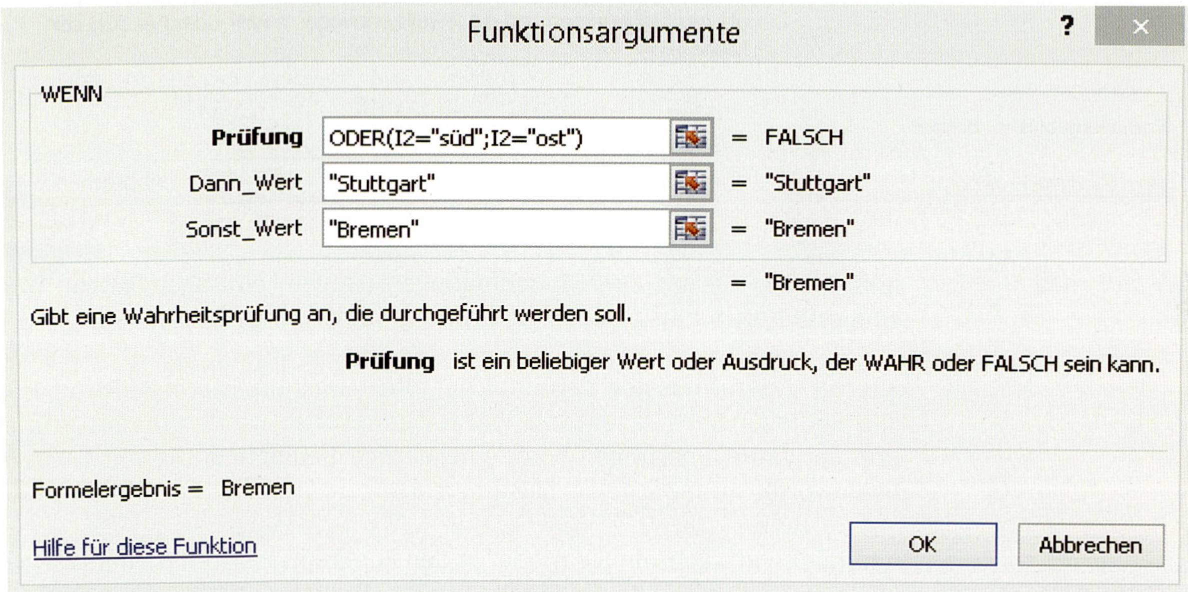


**Prüfung**

Diese ist die eigentliche Fragestellung, die nur mit JA oder NEIN bzw. WAHR oder FALSCH beantwortet wird.

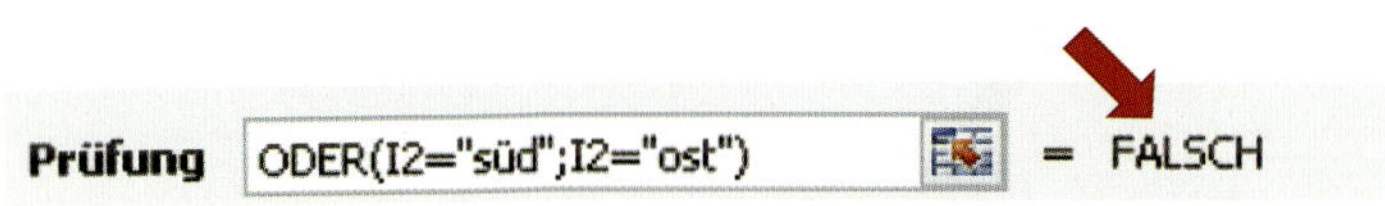


Hier wird eine Verknüpfung mit der ODER-Funktion vorgenommen.

Um in die ODER-Funktion zu wechseln, gehen Sie mit der Maus in der Befehlszeile auf die ODER-Funktion. Diese bleibt dann fett und die WENN-Funktion wird heller.

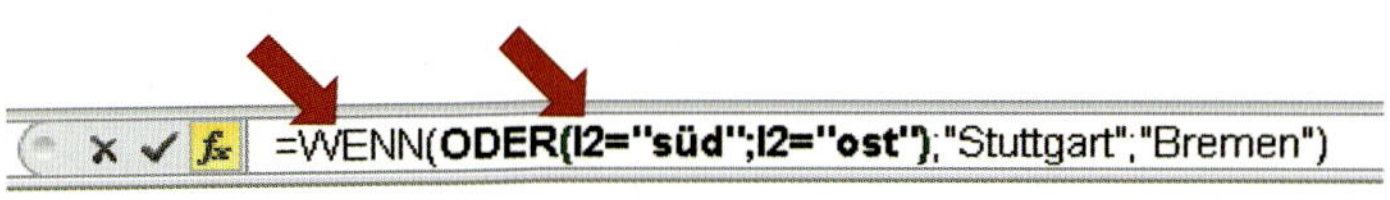


Anschließend wechseln Sie mit der Maus in den Assistenten.

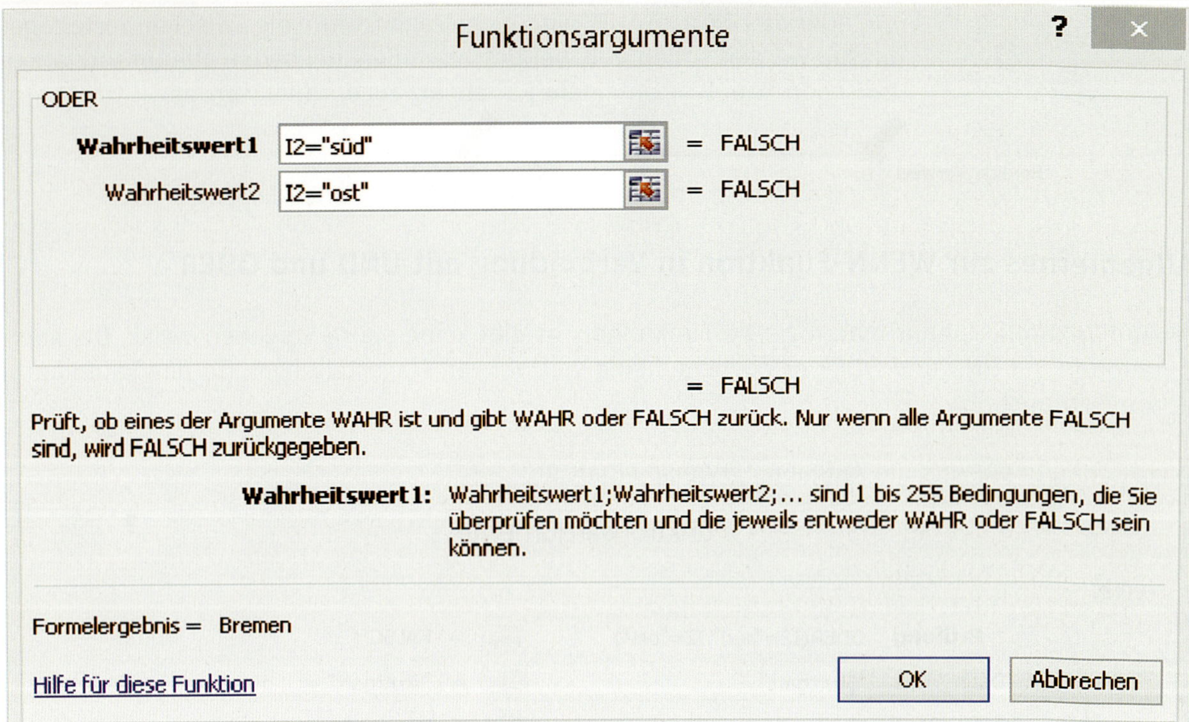


Jetzt können Sie bis zu 255 Bedingungen (Fragen) eintragen, wovon nur eine erfüllt sein muss, damit die Prüfung mit WAHR gewertet wird.

Alternativ dazu müssten dann mit der UND-Funktion, wie in Aufgabe 1.5, alle Bedingungen (Fragen) mit WAHR beantwortet werden, damit in die Prüfung WAHR übertragen wird; eine einzige Bedingung, die mit FALSCH beantwortet wird, würde FALSCH übertragen.

Anschließend wechseln Sie wieder in den Funktionsassistenten der WENN-Funktion und tragen die folgenden beiden Werte ein.

**Dann_Wert** Ist das Ergebnis WAHR, erscheint der hier eingetragene Wert oder Text; hier: „Stuttgart“.

**Sonst_Wert** Ist das Ergebnis FALSCH, erscheint der hier eingetragene Wert oder Text; hier: „Bremen“.

## Aufgabe 4 – Zur Tagung einladen

### Briefaufbau – formale Kriterien

Das Anschriftfeld in diesem Briefvordruck ist für die integrierte Form der Postanschrift 4,5 cm groß. Dieses teilt sich in die Bereiche Zusatz- und Vermerkzone mit Rücksendeangabe und Anschriftzone auf. Die Postanschrift des Empfängers ist **ohne Leerzeile** oberhalb der Adresse einzutragen. Damit sichert die Post die Maschinenlesbarkeit (weiterführende Aufgaben im Anhang).

Gegenüberstellung der Anschriftfelder:

In diesem Beispiel ist die Rücksendeangabe nicht integriert:
- Postanschrift in der ersten Zeile in Schriftgröße 8
- für die Vermerkzone drei Leerzeilen in Schriftgröße 11
- Anschriftzone in Schriftgröße 11

In diesem Beispiel ist die Rücksendeangabe integriert:
- vier Leerzeilen in Schriftgröße 8
- Postanschrift in der fünften Zeile in Schriftgröße 8
- Anschriftzone in Schriftgröße 11

| | |
|---|---|
| Prüvo GmbH, Münchener Straße 7 – 11, 52062 Aachen | ¶ |
| ¶ | ¶ |
| ¶ | ¶ |
| ¶ | ¶ |
| Firmenname | Prüvo GmbH, Münchener Straße 7 – 11, 52062 Aachen |
| Zusätze, wie Abteilung, Sachbearbeiter | Firmenname |
| Straße | Zusätze, wie Abteilung, Sachbearbeiter |
| PLZ Ort | Straße |
| | PLZ Ort |

**Merke: Die Anschriftzone beginnt immer in derselben Höhe.**

Nach der Postanschrift des Absenders folgt der Eintrag des Empfängers einschließlich der Sachbearbeitung, der Straße/Postfach und des Ortes mit der Postleitzahl.

Da man in dieser Situation davon ausgehen kann, dass kein Schriftwechsel vorangegangen ist, beschränken sich die Angaben im Infoblock auf „Unser Zeichen“, den eigenen Namen, auf „Unsere Kontaktangaben“ und auf das Absendedatum.

Der Betreff folgt mit zwei Leerzeilen oder einem Abstand von 8,46 mm. Nach dem Betreff werden nochmals zwei Leerzeilen gesetzt, dann folgt die Anrede.

Da der/die Ansprechpartner/-in im Adressfeld genannt wird, ist eine persönliche Anrede zu formulieren. Dies geschieht in der Serienbriefverarbeitung mit einem Bedingungsfeld. Dazu später mehr.

Die Einrückung ist mit je einer Leerzeile davor bzw. danach abzugrenzen. Der Einzug beträgt 2,54 cm (= 1 Zoll/Inch).

Zur Hervorhebung des Datums und des Tagungshotels ist Fettschrift oder eine Farbe geeignet. Die Zeichenformatierung „kursiv“ ist zur optischen Hervorhebung weniger geeignet. Sie bremst eher den Lesefluss (beim Bedingungsfeld: Eingabe s. unten).

Bei diesem Serienbrief greift man auf die Excel-Daten zu, die man in der vorherigen Aufgabe ermittelt hat. Die Empfängerdaten sind aus einer vorhandenen Liste auszuwählen:

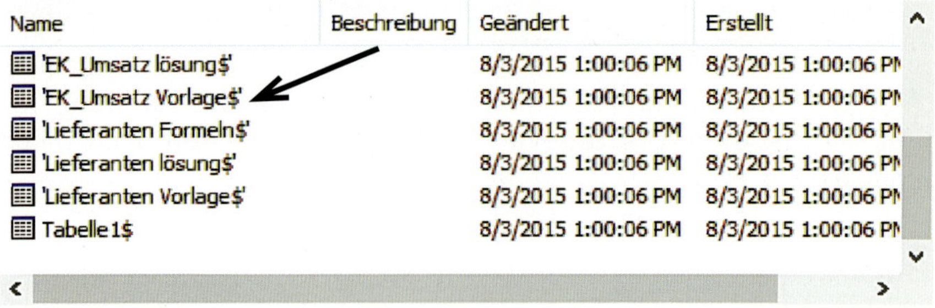


Wie gewohnt lassen sich dann die Seriendruckfelder einfügen.

Zur Differenzierung der persönlichen Anrede, des Datums, des Tagungshotels und der Anzahl der Verzehrgutscheine sind Bedingungsfelder/Regeln vorzubereiten. Als Beispiel wird die Eingabe für die Tagungshotels gezeigt.

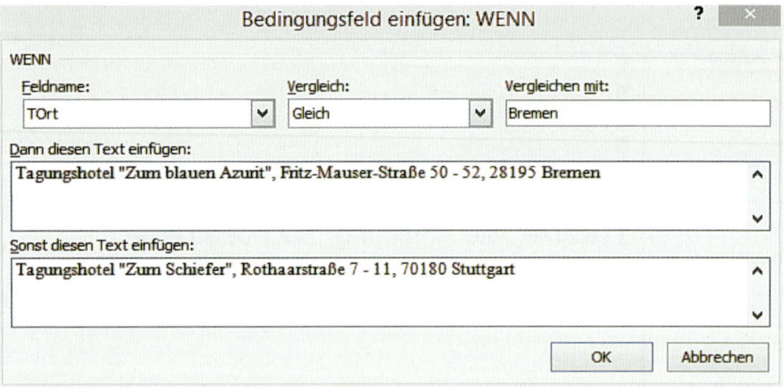


Möchte man den Hotelnamen in Anführungszeichen setzen, so ist das innerhalb des Bedingungsfeldes nur durch einen Apostroph möglich. Anführungszeichen innerhalb des Bedingungsfeldes kennzeichnen den gesamten einzufügenden Text. Nutzt man die Anführungszeichen innerhalb des Textes eines Bedingungsfeldes, führen diese zur Aufhebung des entsprechenden Textes.

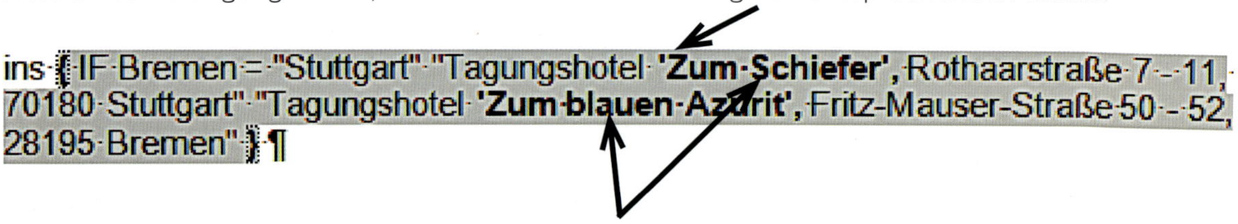


Um den Hotelnamen in Fettschrift zu gestalten, klickt man mit der rechten Maustaste in das Bedingungsfeld und aktiviert die Feldfunktionen ein/aus. Der Texteintrag steht innerhalb der Anführungszeichen und kann – wie gewohnt – formatiert werden.

Standardmäßig werden die Bedingungsfelder in der Schriftart Times New Roman dargestellt. Das Umformatieren in der für den Brief gewählten Schriftart, hier: Arial, ist der letzte Schritt in der Bearbeitung des Bedingungsfeldes.

Für die Postleitzahlen, die mit einer 0 beginnen, ist das folgende benutzerdefinierte Zahlenformat zu verwenden: {Mergefield PLZ/#„00000;;“}

Vergessen Sie die Silbentrennung nicht!

## Briefgestaltung – inhaltliche Kriterien

Um nichts zu vergessen, ist es sinnvoll, sich einen Stichwortzettel mit Inhaltsangaben anzufertigen, z. B.:

| | |
|---|---|
| Grund der Einladung | Innovation Days, Lieferanten werden über neue Produkte informiert |
| Termin der Einladung | 10.03. Stuttgart<br>11.03. Bremen |
| Ort | zwei verschiedene Veranstaltungsorte (und zwar Bremen und Stuttgart) |
| Ablauf der Tagung | Vorträge, Ausstellung Anzahl der Verzehrgutscheine |
| Anlage | Produktflyer |

Beginnen Sie den inhaltlichen Teil mit dem Betreff. Schreiben Sie bereits hier, wozu Sie einladen.

Wie schon erwähnt, sprechen Sie Ihren Lieferanten persönlich an, denn ihn wollen Sie ja auch einladen. Dazu zählt natürlich auch, dass Sie Ihre Lieferanten zu dem für sie passenden Innovation Day nach Bremen bzw. nach Stuttgart einladen.

Die Einladung gliedert sich in Einleitung, Hauptteil und Schluss.

Messebesuche sind nicht jedermanns Sache. Mit der Einladung wollen Sie die Neugierde Ihrer Lieferanten wecken. Sie stellen eine Innovation in Ihrer Branche vor. Teilen Sie das Rahmenprogramm mit, aber verraten Sie nicht alles. Halten Sie zum Briefschluss noch eine Überraschung in der Hinterhand.

## Aufgabe 5 – Programmablauf gestalten

### Gestaltung

Ein solches Schriftstück unterliegt nicht den Anordnungsregeln der DIN und kann somit formfrei gestaltet werden. Im Text selber und innerhalb der Tabelle ist die DIN 5008 natürlich anzuwenden.

Die Gestaltung der Kopf- und Fußzeile sowie der Überschrift ergibt sich aus den Vorgaben des Corporate Designs.

Die Tabelle ist somit wie folgt zu gestalten:
- gesamte Tabelle innerhalb der Seitenränder zentriert ausrichten
- gesamter Tabelleninhalt vertikal zentriert
- Vorspalte linksbündig
- Kopfzeile vertikal und horizontal zentriert
- Kopfzeile in Fettschrift
- Text linksbündig
- waagerechte Rahmenlinien der Tabellenzeilen löschen
- Tabellenzeilen abwechselnd schattieren bzw. nicht schattieren

### Inhaltlich

Die Art der Veranstaltung steht in der Überschrift: Innovation Day und Programmablauf. Auch das Datum ist in die Überschrift eingeflossen. Nach den Vorgaben des Corporate Designs genügt **eine** Angabe als Überschrift. Die anderen Angaben können auch unterhalb der Überschrift aufgeführt werden.

Der zeitliche Ablauf ergibt sich aus dem Angebot des Tagungshotels und dem vorliegenden Protokoll. Hier hat man allerdings etwas Spielraum, da für die Pausen vom Tagungshotel eine Zeitspanne vorgegeben wird. Es sind somit auch andere Lösungen möglich.

# Prüfung: Ergonomie

## Teil A: Grundsteinlegung – Ausgangssituation und Aufgaben

### Hier geht's los!

Wie auch bei der Abschlussprüfung der IHK, Teil 1 (Informationstechnisches Büromanagement), ist auf die Einhaltung der amtlichen Rechtschreibung, des Ausdrucks, der Zeichensetzung und der DIN 5008 zu achten. Eine Formulierung in vollständigen Sätzen wird vorausgesetzt.

Rita Rothstein ist Mitarbeiterin in der Verwaltung der Prüvo GmbH, Münchener Straße 7 – 11, 52062 Aachen. Telefonisch ist sie unter der Durchwahl 459 zu erreichen.

Sie benötigen aus dem Ordner „Steinzeug/Ergonomie" zur Bearbeitung folgende Dateien:

**a)** Excel-Datei „Prüvo-Ergonomie",

**b)** Word-Datei „AU-Anforderung".

### Corporate Identity

- Alle E-Mail-Adressen werden nach folgendem Schema aufgebaut: nachname-verwaltung@pruevo-gmbh.de
- Speichern Sie Ihre Ergebnisse ab unter Bezeichnung der jeweiligen Aufgaben und Ihrem Nachnamen, z. B. „AufgabeX–Nachname".
- Die Namenszeichen der Mitarbeiter/-innen setzen sich aus dem Kürzel für die Abteilung und den Initialen des/-r betreffenden Mitarbeiters/Mitarbeiterin zusammen, z. B. verw-rr.

### Corporate Design der Firma Meteorit AG

- Alle in- und externen Schriftstücke sind nach dem Corporate Design unter Berücksichtigung der DIN 5008 zu erstellen.
- Der Firmenschriftzug ist in Kapitälchen, Schriftgröße 20 und rechtsbündig in der Kopfzeile darzustellen.
- In der Fußzeile steht die Postanschrift des Unternehmens.
- Die Schriftart für Texte ist Calibri und die Schriftgröße ist 10.
- Die Silbentrennung ist generell zu nutzen.
- Überschriften stehen in Schriftgröße 16 sowie in Fettschrift und sind zentriert.
- Nummerierungen sind mit arabischen Ziffern und einem Punkt zu gestalten.

### Sonstiges

- Speichern Sie – wie auch in der Prüfung – alle fünf Minuten ab.
- Für Ihre rechnerische und grafische Auswertung stehen Ihnen die Daten aus der Datensammlung „Steinzeug/Ergonomie" zur Verfügung.
- Alle Dateien erhalten rechtsbündig Ihren Namen.
- Alle Excel-Formeln sind kopierfähig; evtl. absolut und relativ adressiert.
- Alle Formeln sind arbeitsökonomisch und hinsichtlich eines Tabellenkalkulationsprogrammes rationell zu erstellen.

## Gesamtsituation

Vor einiger Zeit erhielt die Prüvo GmbH als Personaldienstleister von der Geschäftsleitung der Meteorit AG, Saturnstraße 48 – 68 in 60320 Frankfurt, den Arbeitsauftrag, einen Gesundheitstag zu organisieren und durchzuführen. Bei den Vorbereitungen fiel auf, dass der Krankenstand der Meteorit AG sehr hoch ist. Mit dem Schreiben an die Meteorit AG präsentiert die Prüvo GmbH ihre Arbeitsergebnisse (s. Seite 45). Die Anlagen erstellen Sie.

Ergänzend zu der Korrespondenz hat der Geschäftsführer, Herr Georg Glas, Ihnen die Daten der Mitarbeiter/-innen über die Krankmeldungen für 2015 in digitaler Form (Excel-Datei) zur Verfügung gestellt.

Web

Web



### Mittendrin: Aufgaben

Erstellen Sie die Anlagen zum Schreiben an die Meteorit AG.

**1 Auswertung und Aufarbeitung der Personalstammdaten**

Bearbeitet werden folgende Tabellenblätter:

- „Mitarbeiter“
- „KM“

In dem Tabellenblatt KM wurden in den Spalten D–F durch die Meteorit AG die Personalnummern der jeweiligen Mitarbeiter/-innen, für die Krankmeldungen vorliegen, eingepflegt.

Web

**1.1** Fügen Sie im Tabellenblatt KM in die Zellen K1–AX1 die Personalnummern der Mitarbeiter/-innen ein.

**1.2** Berechnen Sie in der Spalte C die Anzahl der Krankmeldungen für das Jahr 2015 der Meteorit AG für den jeweiligen Tag.

**1.3** In den Spalten K–AX soll funktionsgesteuert eine 1 erscheinen, wenn in den Zeilen der Spalte D–J des jeweiligen Tages die Personalnummer des/-r Mitarbeiters/Mitarbeiterin in dieser Spalte eingetragen wurde, sonst soll die Zelle leer bleiben.

War bspw. P0331 am 01.01.2015 erkrankt, erscheint in K2 eine 1.

**1.4** Bei einer Krankmeldung soll die Zelle rot gefärbt werden, sonst bleibt sie unformatiert.

**1.5** Ermitteln Sie im Tabellenblatt „Mitarbeiter“ in der Spalte E funktionsgesteuert die Anzahl der Fehltage der jeweiligen Mitarbeiter/-innen und in der Zelle F1 die gesamten Fehltage aller Mitarbeiter.

**2 Auswertung nach Wochentagen und Personalnummer**

Bearbeitet werden folgende Tabellenblätter:

- „KM“
- „KM nach Wtag“

Für die anstehenden Gespräche mit Herrn Georg Glas von der Geschäftsleitung der Meteorit AG wird eine Auswertung der Fehltage nach Wochentagen und Personalnummern benötigt.

Web

**2.1** Berechnen Sie im Tabellenblatt „KM nach Wtag“ funktionsgesteuert in der Zelle A1 die Anzahl der Mitarbeiter/-innen.

**2.2** Ermitteln Sie für jede/-n Mitarbeiter/-in die Krankheitstage pro Wochentag in den Zellen C2–AP6. Beziehen Sie sich dabei auf das Tabellenblatt „KM“ ab der Spalte K.

**2.3** In der Spalte B soll die Summe der Krankmeldungen pro Wochentag erscheinen. Geben Sie dieser Spalte eine Überschrift.

**2.4** Ergänzen Sie Zeile 7 sinnvoll.

**2.5** Fügen Sie unterhalb Ihrer Tabelle drei Kreisdiagramme nach dem Diagramm „Muster B“ ein, welche die Wochentage der Krankmeldungen der ersten drei Mitarbeiter/-innen

- P0331,
- P0338 und
- P0345

darstellt. Formatieren Sie den Montag mit einer roten Musterfüllung.

**2.6** Positionieren Sie ein Textfeld mit einer sinnvollen Überschrift über die drei Diagramme.

**3 Auswertung nach Fehltagen in den Abteilungen**

Bearbeitet werden folgende Tabellenblätter:

- „Mitarbeiter“
- „FT nach Abt“

**3.1** Ermitteln Sie im Tabellenblatt „FT nach Abt“ funktionsgesteuert in der Spalte C die Gesamtanzahl der Mitarbeiter/-innen der jeweiligen Abteilung.

**3.2** Ermitteln Sie im Tabellenblatt „FT nach Abt“ funktionsgesteuert in der Spalte D die Anzahl der Mitarbeiter/-innen, welche sich 2015 in den jeweiligen Abteilungen krankgemeldet haben.

**3.3** Berechnen Sie in der Spalte E die Arbeitstage aus dem Tabellenblatt „KM“.

**3.4** Bilden Sie in der Zeile 8 für die Spalten C–E die Spaltensummen.

**3.5** Berechnen Sie in der Spalte F die Quote der Fehltage 2015 für jede Abteilung und gesamt. Berücksichtigen Sie hierbei, dass es 30 Tage Urlaub für alle Mitarbeiter/-innen gibt.

**3.6** Fügen Sie unterhalb Ihrer Tabelle ein Säulendiagramm nach dem Diagramm „Muster C“ ein, welches die Fehlquote 2015 der Mitarbeiter/-innen in den Abteilungen auf der Rubrikenachse darstellt.

**4 Mitarbeiterbefragung durchführen**

Öffnen Sie ein leeres Dokument.

**4.1** Wählen Sie als Seitenlayout ein zweispaltiges Faltblatt im Querformat aus.

**4.2** Erstellen Sie einen Bewertungsbogen zum Ankreuzen in Tabellenform.

**4.3** Geben Sie für die Fragen/Kriterien folgende Bewertungsskala vor:

| | | | | |
|---|---|---|---|---|
| Trifft überhaupt nicht zu | Trifft gelegentlich nicht zu | Ausgeglichen | Trifft manchmal zu | Trifft oft zu |

**4.4** Erstellen Sie die Mitarbeiterbefragung. Formulieren Sie die Fragen/Kriterien mit folgenden Schlüsselwörtern:

Konzentration, Denkleistung, Termindruck, Arbeitsmenge, Arbeitsunterbrechung, Über-/Unterforderung, Einzel-/Mehrpersonen-/Großraumbüro, Lärm, Ausstattung, Verhalten von Vorgesetzten, Verhalten von Kollegen, Kritik an Mitarbeiter(inne)n, eigene Ansprüche.

**4.5** Nummerieren Sie die Fragen.

**5 Aufforderungsschreiben an die Mitarbeiter/-innen**

**5.1** Entwerfen Sie auch einen Briefvordruck, Form B, für die Meteorit AG. Für die Geschäftsangaben im Brieffuß, die Ihnen nicht vorliegen, setzen Sie Platzhalter ein.

**5.2** Bereiten Sie einen Geschäftsbrief als Basisdatei an die Mitarbeiter/-innen vor, die sich häufig montags krankmelden. Den Brieftext finden Sie in der Datei „AU-Aufforderung" (s. Seite 49).

**5.3** Verwenden Sie für die variablen Angaben Platzhalter bzw. Steuerelemente.

**Ende der Prüfung**

Web

2

## Steinzeug: Materialien

### Ausgangsbrief an GL

Web

Prüvo GmbH

Prüvo GmbH Büromöbel

Prüvo GmbH, Münchener Straße 7 – 11, 52062 Aachen
Herrn Geschäftsführer
Georg Glas
Meteorit AG
Saturnstraße 48 – 68
60320 Frankfurt

Ihr Zeichen: st
Ihre Nachricht vom: 20.07.20xx
Unser Zeichen: gl-gg
Unsere Nachricht vom:

Name: Georg Grünspan
Telefon: 0241 5869-100
Telefax: 0241 5869-200
E-Mail: gruenspan-gl@pruevo-gmbh.de

Datum: 05.01.20xx

**Gesundheitstag in Ihrem Hause**

Sehr geehrter Herr Glas,

wir bedanken uns nochmal für das entgegengebrachte Vertrauen und freuen uns auf das Gespräch in Ihrem Hause in der kommenden Woche.

Vorab möchten wir Ihnen die Ergebnisse bzw. die Analysen, die wir in Ihrem Hause durchgeführt und ausgewertet haben, zur Verfügung stellen. Kurz gesagt: Aus unserer Sicht besteht Handlungsbedarf.

Es fällt auf, dass in der Abteilung Lager der mit Abstand höchste Krankenstand zu verzeichnen ist. Wir halten es für sinnvoll, mit dem Abteilungsleiter zu dieser Thematik kurzfristig das Gespräch zu suchen. Hier unterstützen wir gerne durch eine entsprechende Moderation.

Um den Ursachen für den erhöhten Krankenstand auf den Grund zu gehen, schlagen wir Ihnen als erste Maßnahme eine Mitarbeiterbefragung in allen Abteilungen vor. Im Anschluss daran empfehlen wir die Durchführung eines Gesundheitstages.

Die Analyse zeigt auch, dass es eine auffällige Anzahl von Arbeitnehmern gibt, die häufig montags fehlen. Die infrage kommenden Mitarbeiterinnen und Mitarbeiter sollten ein Aufforderungsschreiben erhalten, alle Krankentage ab sofort mit einer Arbeitsunfähigkeitsbescheinigung nachzuweisen.

Die notwendigen Dateien haben wir bereits digital vorbereitet – sie stehen Ihnen in unserer Cloud zur Verfügung.

Freundliche Grüße

Grünspan
Geschäftsleitung

| | | | | |
|---|---|---|---|---|
| Prüvo GmbH<br>Münchener Straße 7 – 11<br>52062 Aachen<br>Steuer-Nr.: 32/342/43768<br>USt-IdNr.: DE865945748 | Geschäftsführerin:<br>Dr. Stefanie Steiner<br><br>HRB 8894<br>Amtsgericht Aachen | Telefon:<br>Fax:<br><br>Internet:<br>E-Mail: | 0241 5869-0<br>0241 5869-444<br><br>www.pruevo-gmbh.de<br>info@pruevo-gmbh.de | Bankverbindung:<br>Sparkasse Aachen<br><br>BIC AACSDE33XXX<br>IBAN DE08 3905 0000 0152 3567 88 |

## Tabellenblatt „Mitarbeiter"

| | A | B | C | D | E |
|---|---|---|---|---|---|
| 1 | **Personal Nummer** | **Name** | **Vorname** | **Abteilung** | **Anzahl Fehltage** |
| 2 | P0331 | Wurmstein | Alexander | L | |
| 3 | P0338 | Travelina | Bert | BS | |
| 4 | P0345 | Tafelstein | Daniela | VT | |
| 5 | P0352 | Rindenstein | Faruk | BU | |
| 6 | P0359 | Pistacit | Hatice | BS | |
| 7 | P0366 | Mornit | Jennifer | BS | |
| 8 | P0367 | Karuba | Markus | L | |
| 9 | P0368 | Jenzschit | Mara | BS | |
| 10 | P0492 | Venushaar | Ayse | T | |
| 11 | P0498 | Puschkinit | Hannes | BU | |
| 12 | P0504 | Chita | Simon | L | |
| 13 | P0510 | Zitrin | Alexander | BS | |
| 14 | P0516 | Roteisenerz | Christian | VT | |
| 15 | P0522 | Poliopyrit | Hermann | VT | |
| 16 | P0528 | Massik | Karola | VT | |
| 17 | P0529 | Luvulith | Kemal | P | |
| 18 | P0530 | Kalcedon | Marja | BS | |
| 19 | P0531 | Jasponyx | Moran | L | |
| 20 | P0678 | Jasper | Nic | P | |
| 21 | P0684 | Hibschit | Osman | L | |
| 22 | P0690 | Giobertit | Siegfried | VT | |
| 23 | P0696 | Dravit | Sigbert | T | |
| 24 | P0702 | Blutstein | Philipp | BS | |
| 25 | P0708 | Bitterkalk | San | L | |
| 26 | P0714 | Ballas | Frauke | BS | |
| 27 | P0715 | Augstein | Yvo | L | |
| 28 | P0716 | Murrhina | Janus | L | |
| 29 | P0719 | Luvulith | Katharina | VT | |
| 30 | P0720 | Rautenstein | Uwe | L | |
| 21 | P0721 | Kole | Stella | VT | |
| 32 | P0722 | Beese | Tanja | VT | |
| 33 | P0723 | Waise | Anjoschka | L | |
| 34 | P0724 | Perdell | Horst | L | |
| 35 | P0728 | Oisanit | Isban | BU | |
| 36 | P0729 | Neslit | Jaja | L | |
| 37 | P0730 | Labrador | Kurt | L | |
| 38 | P0731 | Iras | Ömer | BU | |
| 39 | P0734 | Harmophan | Sonja | VT | |
| 40 | P0735 | Glaukolith | Manfred | L | |
| 41 | P0736 | Bayat | Tim | L | |

## Tabellenblatt „KM“ (Auszug)

Web

| | A | B | C | D | E | F | G | H |
|---|---|---|---|---|---|---|---|---|
| 1 | Wochentag | Datum | Anzahl der Krankmeldungen | Pers. Nr. des Erkrankten | Pers. Nr. des Erkrankten | Pers. Nr. des Erkrankten | Pers. Nr. des Erkrankten | Pers. Nr. des Erkrankten |
| 2 | Donnerstag | 01.01.2015 | | P0331 | | P0735 | | |
| 3 | Freitag | 02.01.2015 | | P0331 | P0716 | P0735 | | |
| 4 | Montag | 05.01.2015 | | | | P0735 | | |
| 5 | Dienstag | 06.01.2015 | | P0331 | | P0735 | | |
| 6 | Mittwoch | 07.01.2015 | | | | P0735 | | |
| 7 | Donnerstag | 08.01.2015 | | P0719 | P0510 | P0735 | | |
| 8 | Freitag | 09.01.2015 | | | P0510 | P0735 | | |
| 9 | Montag | 12.01.2015 | | P0714 | | P0735 | | |
| 10 | Dienstag | 13.01.2015 | | P0721 | | P0735 | | |
| 11 | Mittwoch | 14.01.2015 | | | | P0735 | | |
| 12 | Donnerstag | 15.01.2015 | | P0728 | | P0735 | | |
| 13 | Freitag | 16.01.2015 | | P0728 | | P0735 | | |
| 14 | Montag | 19.01.2015 | | P0728 | | P0735 | | |
| 15 | Dienstag | 20.01.2015 | | P0728 | P0345 | P0735 | | |
| 16 | Mittwoch | 21.01.2015 | | | P0345 | P0735 | | |
| 17 | Donnerstag | 22.01.2015 | | | P0345 | P0735 | | |
| 18 | Freitag | 23.01.2015 | | P0368 | P0345 | P0735 | | |
| 19 | Montag | 26.01.2015 | | | P0345 | P0735 | | |
| 20 | Dienstag | 27.01.2015 | | | P0345 | | | |
| 21 | Mittwoch | 28.01.2015 | | | P0345 | | | |
| 22 | Donnerstag | 29.01.2015 | | | P0345 | | | |
| 23 | Freitag | 30.01.2015 | | P0368 | P0345 | | | |
| 24 | Montag | 02.02.2015 | | | P0345 | | | |
| 25 | Dienstag | 03.02.2015 | | | P0345 | | | |
| 26 | Mittwoch | 04.02.2015 | | P0530 | P0346 | P0711 | | |
| 27 | Donnerstag | 05.02.2015 | | P0530 | P0347 | P0712 | | |
| 28 | Freitag | 06.02.2015 | | P0530 | P0348 | P0713 | | |
| 29 | Montag | 09.02.2015 | | P0530 | P0349 | P0714 | | |
| 30 | Dienstag | 10.02.2015 | | P0530 | | P0715 | | |
| 31 | Mittwoch | 11.02.2015 | | P0530 | | P0716 | | |
| 32 | Donnerstag | 12.02.2015 | | P0530 | | P0716 | | |
| 33 | Freitag | 13.02.2015 | | | | P0716 | | |
| 34 | Montag | 16.02.2015 | | P0723 | | P0716 | | |
| 35 | Dienstag | 17.02.2015 | | | | P0716 | | |
| 36 | Mittwoch | 18.02.2015 | | P0678 | | P0716 | | |
| 37 | Donnerstag | 19.02.2015 | | P0678 | | P0716 | | |
| 38 | Freitag | 20.02.2015 | | P0678 | | P0716 | | |
| 39 | Montag | 23.02.2015 | | P0678 | | P0716 | | |
| 40 | Dienstag | 24.02.2015 | | P0678 | | P0716 | | |
| 41 | Mittwoch | 25.02.2015 | | P0678 | | P0716 | | |
| 42 | Donnerstag | 26.02.2015 | | P0678 | | P0716 | | |
| 43 | Freitag | 27.02.2015 | | P0678 | | P0716 | | |
| 44 | Montag | 02.03.2015 | | P0678 | | P0716 | | |
| 45 | Dienstag | 03.03.2015 | | P0678 | P0723 | P0716 | | |
| 46 | Mittwoch | 04.03.2015 | | P0678 | | P0716 | | |

## Tabellenblatt „KM nach Wtag“ (Auszug)

| | A | B | C | D | E | F | G | H | I | J | K | L | M | N | O | P | Q |
|---|---|---|---|---|---|---|---|---|---|---|---|---|---|---|---|---|---|
| 1 | | | P0331 | P0338 | P0345 | P0352 | P0359 | P0366 | P0367 | P0368 | P0492 | P0498 | P0504 | P0510 | P0516 | P0522 | P0528 |
| 2 | Montag | | | | | | | | | | | | | | | | |
| 3 | Dienstag | | | | | | | | | | | | | | | | |
| 4 | Mittwoch | | | | | | | | | | | | | | | | |
| 5 | Donnerstag | | | | | | | | | | | | | | | | |
| 6 | Freitag | | | | | | | | | | | | | | | | |
| 7 | Summe | | | | | | | | | | | | | | | | |

## Tabellenblatt „FT nach Abt“

| | A | B | C | D | E | F |
|---|---|---|---|---|---|---|
| 1 | Abteilung | Abteilung Kürzel | Anzahl Mitarbeiter | Anzahl Fehltage | Arbeitstage 2015 | Fehlquote 2015 |
| 2 | Beschaffung | BS | | | | |
| 3 | Buchhaltung | BU | | | | |
| 4 | Lager | L | | | | |
| 5 | Personal | P | | | | |
| 6 | Transport | T | | | | |
| 7 | Vertrieb | VT | | | | |
| 8 | Summe | | | | | |

## Diagramm „Muster B“

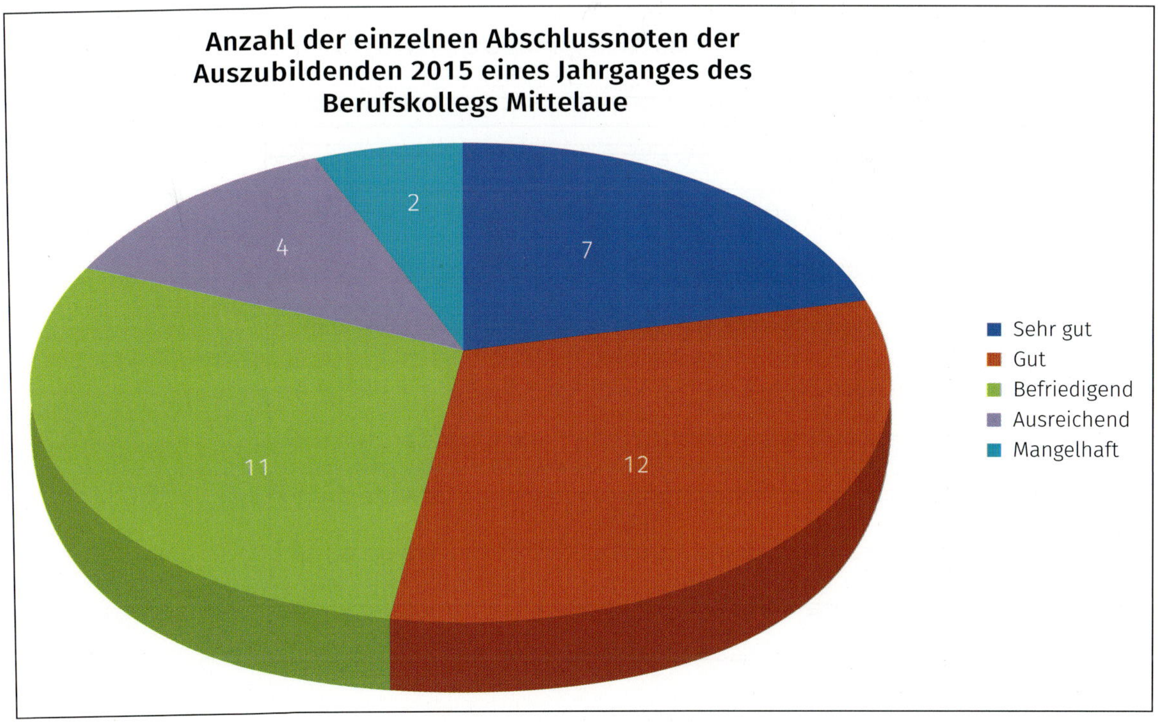


## Diagramm „Muster C“

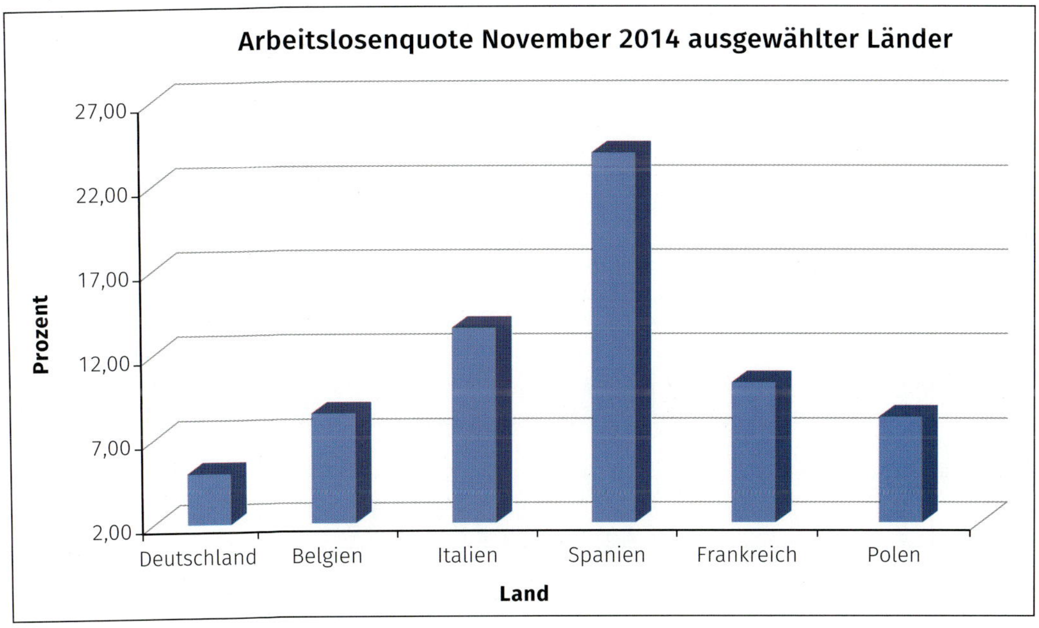


## Brieftext zum Aufforderungsschreiben

Mit Sorge betrachten wir seit einiger Zeit in unserem Hause den wachsenden Krankenstand. Das haben wir zum Anlass genommen, eine genaue Analyse durchzuführen. Dabei ist uns aufgefallen, dass Sie häufig montags ohne Krankmeldung fehlen. Das werden wir nicht weiter akzeptieren und bestehen ab sofort darauf, dass Sie jeden Fehltag mit einer Arbeitsunfähigkeitsbescheinigung belegen. Sollten Sie dieser Aufforderung nicht nachkommen, werden wir arbeitsrechtliche Konsequenzen ableiten.

Web

# Teil B: In Stein gemeißelt – Lösungshinweise

## Aufgabe 1

### Tabellenblatt „KM Lösung“

| | A | B | C | D | E | F | G | H | I | J | K | L | M | N | O | P | Q | R | S | T | U |
|---|---|---|---|---|---|---|---|---|---|---|---|---|---|---|---|---|---|---|---|---|---|
| 1 | Wochentag | Datum | Anzahl der Krankmeldungen | Pers. Nr. des Erkrankten | Pers. Nr. des Erkrankten | Pers. Nr. des Erkrankten | Pers. Nr. des Erkrankten | Pers. Nr. des Erkrankten | Pers. Nr. des Erkrankten | Pers. Nr. des Erkrankten | P0331 | P0338 | P0345 | P0352 | P0359 | P0366 | P0367 | P0368 | P0492 | P0498 | P0504 |
| 2 | Donnerstag | 01.01.2015 | 2 | P0331 | | P0735 | | | | | 1 | 0 | 0 | 0 | 0 | 0 | 0 | 0 | 0 | 0 | 0 |
| 3 | Freitag | 02.01.2015 | 3 | P0331 | P0716 | P0735 | | | | | 1 | 0 | 0 | 0 | 0 | 0 | 0 | 0 | 0 | 0 | 0 |
| 4 | Montag | 05.01.2015 | 1 | | | P0735 | | | | | 0 | 0 | 0 | 0 | 0 | 0 | 0 | 0 | 0 | 0 | 0 |
| 5 | Dienstag | 06.01.2015 | 2 | P0331 | | P0735 | | | | | 1 | 0 | 0 | 0 | 0 | 0 | 0 | 0 | 0 | 0 | 0 |
| 6 | Mittwoch | 07.01.2015 | 1 | | | P0735 | | | | | 0 | 0 | 0 | 0 | 0 | 0 | 0 | 0 | 0 | 0 | 0 |
| 7 | Donnerstag | 08.01.2015 | 3 | P0719 | P0510 | P0735 | | | | | 0 | 0 | 0 | 0 | 0 | 0 | 0 | 0 | 0 | 0 | 0 |
| 8 | Freitag | 09.01.2015 | 2 | | P0510 | P0735 | | | | | 0 | 0 | 0 | 0 | 0 | 0 | 0 | 0 | 0 | 0 | 0 |
| 9 | Montag | 12.01.2015 | 2 | P0714 | | P0735 | | | | | 0 | 0 | 0 | 0 | 0 | 0 | 0 | 0 | 0 | 0 | 0 |
| 10 | Dienstag | 13.01.2015 | 2 | P0721 | | P0735 | | | | | 0 | 0 | 0 | 0 | 0 | 0 | 0 | 0 | 0 | 0 | 0 |
| 11 | Mittwoch | 14.01.2015 | 1 | | | P0735 | | | | | 0 | 0 | 0 | 0 | 0 | 0 | 0 | 0 | 0 | 0 | 0 |
| 12 | Donnerstag | 15.01.2015 | 2 | P0728 | | P0735 | | | | | 0 | 0 | 0 | 0 | 0 | 0 | 0 | 0 | 0 | 0 | 0 |
| 13 | Freitag | 16.01.2015 | 2 | P0728 | | P0735 | | | | | 0 | 0 | 0 | 0 | 0 | 0 | 0 | 0 | 0 | 0 | 0 |
| 14 | Montag | 19.01.2015 | 2 | P0728 | | P0735 | | | | | 0 | 0 | 0 | 0 | 0 | 0 | 0 | 0 | 0 | 0 | 0 |
| 15 | Dienstag | 20.01.2015 | 3 | P0728 | P0345 | P0735 | | | | | 0 | 0 | 1 | 0 | 0 | 0 | 0 | 0 | 0 | 0 | 0 |
| 16 | Mittwoch | 21.01.2015 | 2 | | P0345 | P0735 | | | | | 0 | 0 | 1 | 0 | 0 | 0 | 0 | 0 | 0 | 0 | 0 |
| 17 | Donnerstag | 22.01.2015 | 2 | | P0345 | P0735 | | | | | 0 | 0 | 1 | 0 | 0 | 0 | 0 | 0 | 0 | 0 | 0 |
| 18 | Freitag | 23.01.2015 | 3 | P0368 | P0345 | P0735 | | | | | 0 | 0 | 1 | 0 | 0 | 0 | 0 | 1 | 0 | 0 | 0 |
| 19 | Montag | 26.01.2015 | 2 | | P0345 | P0735 | | | | | 0 | 0 | 1 | 0 | 0 | 0 | 0 | 0 | 0 | 0 | 0 |
| 20 | Dienstag | 27.01.2015 | 2 | | P0345 | | | | | | 0 | 0 | 1 | 0 | 0 | 0 | 0 | 0 | 0 | 0 | 0 |
| 21 | Mittwoch | 28.01.2015 | 1 | | P0345 | | | | | | 0 | 0 | 1 | 0 | 0 | 0 | 0 | 0 | 0 | 0 | 0 |
| 22 | Donnerstag | 29.01.2015 | 1 | | P0345 | | | | | | 0 | 0 | 1 | 0 | 0 | 0 | 0 | 0 | 0 | 0 | 0 |
| 23 | Freitag | 30.01.2015 | 2 | P0368 | P0345 | | | | | | 0 | 0 | 1 | 0 | 0 | 0 | 0 | 1 | 0 | 0 | 0 |
| 24 | Montag | 02.02.2015 | 1 | | P0345 | | | | | | 0 | 0 | 1 | 0 | 0 | 0 | 0 | 0 | 0 | 0 | 0 |
| 25 | Dienstag | 03.02.2015 | 1 | | P0345 | | | | | | 0 | 0 | 1 | 0 | 0 | 0 | 0 | 0 | 0 | 0 | 0 |
| 26 | Mittwoch | 04.02.2015 | 3 | P0530 | P0346 | P0711 | | | | | 0 | 0 | 0 | 0 | 0 | 0 | 0 | 0 | 0 | 0 | 0 |
| 27 | Donnerstag | 05.02.2015 | 3 | P0530 | P0347 | P0712 | | | | | 0 | 0 | 0 | 0 | 0 | 0 | 0 | 0 | 0 | 0 | 0 |
| 28 | Freitag | 06.02.2015 | 3 | P0530 | P0348 | P0713 | | | | | 0 | 0 | 0 | 0 | 0 | 0 | 0 | 0 | 0 | 0 | 0 |
| 29 | Montag | 09.02.2015 | 3 | P0530 | P0349 | P0714 | | | | | 0 | 0 | 0 | 0 | 0 | 0 | 0 | 0 | 0 | 0 | 0 |
| 30 | Dienstag | 10.02.2015 | 2 | P0530 | | P0715 | | | | | 0 | 0 | 0 | 0 | 0 | 0 | 0 | 0 | 0 | 0 | 0 |
| 31 | Mittwoch | 11.02.2015 | 2 | P0530 | | P0716 | | | | | 0 | 0 | 0 | 0 | 0 | 0 | 0 | 0 | 0 | 0 | 0 |
| 32 | Donnerstag | 12.02.2015 | 2 | P0530 | | P0716 | | | | | 0 | 0 | 0 | 0 | 0 | 0 | 0 | 0 | 0 | 0 | 0 |
| 33 | Freitag | 13.02.2015 | 2 | P0530 | | P0716 | | | | | 0 | 0 | 0 | 0 | 0 | 0 | 0 | 0 | 0 | 0 | 0 |

Web

## Tabellenblatt „KM Lösung“ Formelansicht

| | A | B | C | D | E | F | G | H | I | J | K | L | M | N |
|---|---|---|---|---|---|---|---|---|---|---|---|---|---|---|
| 1 | Wochentag | Datum | Anzahl der Krankmeldungen | Pers. Nr. des Erkrankten | Pers. Nr. des Erkrankten | Pers. Nr. des Erkrankten | s. Nr. de | s. Nr. de | s. Nr. de | s. Nr. de | P0331 | P0338 | P0345 | P0352 |
| 2 | Donnerstag | 42005 | =ANZAHL2(D2:H2) | P0331 | | P0735 | | | | | =ZÄHLENWENN($D2:$J2;K$1) | =ZÄHLENWENN($D2:$J2;L$1) | =ZÄHLENWENN($D2:$J2;M$1) | =ZÄHLENWENN($D2:$J2;N$1) |
| 3 | Freitag | 42006 | =ANZAHL2(D3:H3) | P0331 | P0716 | P0735 | | | | | =ZÄHLENWENN($D3:$J3;K$1) | =ZÄHLENWENN($D3:$J3;L$1) | =ZÄHLENWENN($D3:$J3;M$1) | =ZÄHLENWENN($D3:$J3;N$1) |
| 4 | Montag | 42009 | =ANZAHL2(D4:H4) | | | P0735 | | | | | =ZÄHLENWENN($D4:$J4;K$1) | =ZÄHLENWENN($D4:$J4;L$1) | =ZÄHLENWENN($D4:$J4;M$1) | =ZÄHLENWENN($D4:$J4;N$1) |
| 5 | Dienstag | 42010 | =ANZAHL2(D5:H5) | P0331 | | P0735 | | | | | =ZÄHLENWENN($D5:$J5;K$1) | =ZÄHLENWENN($D5:$J5;L$1) | =ZÄHLENWENN($D5:$J5;M$1) | =ZÄHLENWENN($D5:$J5;N$1) |
| 6 | Mittwoch | 42011 | =ANZAHL2(D6:H6) | | | P0735 | | | | | =ZÄHLENWENN($D6:$J6;K$1) | =ZÄHLENWENN($D6:$J6;L$1) | =ZÄHLENWENN($D6:$J6;M$1) | =ZÄHLENWENN($D6:$J6;N$1) |
| 7 | Donnerstag | 42012 | =ANZAHL2(D7:H7) | P0719 | P0510 | P0735 | | | | | =ZÄHLENWENN($D7:$J7;K$1) | =ZÄHLENWENN($D7:$J7;L$1) | =ZÄHLENWENN($D7:$J7;M$1) | =ZÄHLENWENN($D7:$J7;N$1) |
| 8 | Freitag | 42013 | =ANZAHL2(D8:H8) | | P0510 | P0735 | | | | | =ZÄHLENWENN($D8:$J8;K$1) | =ZÄHLENWENN($D8:$J8;L$1) | =ZÄHLENWENN($D8:$J8;M$1) | =ZÄHLENWENN($D8:$J8;N$1) |
| 9 | Montag | 42016 | =ANZAHL2(D9:H9) | P0714 | | P0735 | | | | | =ZÄHLENWENN($D9:$J9;K$1) | =ZÄHLENWENN($D9:$J9;L$1) | =ZÄHLENWENN($D9:$J9;M$1) | =ZÄHLENWENN($D9:$J9;N$1) |
| 10 | Dienstag | 42017 | =ANZAHL2(D10:H10) | P0721 | | P0735 | | | | | =ZÄHLENWENN($D10:$J10;K$1) | =ZÄHLENWENN($D10:$J10;L$1) | =ZÄHLENWENN($D10:$J10;M$1) | =ZÄHLENWENN($D10:$J10;N$1) |
| 11 | Mittwoch | 42018 | =ANZAHL2(D11:H11) | | | P0735 | | | | | =ZÄHLENWENN($D11:$J11;K$1) | =ZÄHLENWENN($D11:$J11;L$1) | =ZÄHLENWENN($D11:$J11;M$1) | =ZÄHLENWENN($D11:$J11;N$1) |
| 12 | Donnerstag | 42019 | =ANZAHL2(D12:H12) | P0728 | | P0735 | | | | | =ZÄHLENWENN($D12:$J12;K$1) | =ZÄHLENWENN($D12:$J12;L$1) | =ZÄHLENWENN($D12:$J12;M$1) | =ZÄHLENWENN($D12:$J12;N$1) |
| 13 | Freitag | 42020 | =ANZAHL2(D13:H13) | P0728 | | P0735 | | | | | =ZÄHLENWENN($D13:$J13;K$1) | =ZÄHLENWENN($D13:$J13;L$1) | =ZÄHLENWENN($D13:$J13;M$1) | =ZÄHLENWENN($D13:$J13;N$1) |
| 14 | Montag | 42023 | =ANZAHL2(D14:H14) | P0728 | | P0735 | | | | | =ZÄHLENWENN($D14:$J14;K$1) | =ZÄHLENWENN($D14:$J14;L$1) | =ZÄHLENWENN($D14:$J14;M$1) | =ZÄHLENWENN($D14:$J14;N$1) |
| 15 | Dienstag | 42024 | =ANZAHL2(D15:H15) | P0728 | P0345 | P0735 | | | | | =ZÄHLENWENN($D15:$J15;K$1) | =ZÄHLENWENN($D15:$J15;L$1) | =ZÄHLENWENN($D15:$J15;M$1) | =ZÄHLENWENN($D15:$J15;N$1) |
| 16 | Mittwoch | 42025 | =ANZAHL2(D16:H16) | | P0345 | P0735 | | | | | =ZÄHLENWENN($D16:$J16;K$1) | =ZÄHLENWENN($D16:$J16;L$1) | =ZÄHLENWENN($D16:$J16;M$1) | =ZÄHLENWENN($D16:$J16;N$1) |
| 17 | Donnerstag | 42026 | =ANZAHL2(D17:H17) | | P0345 | P0735 | | | | | =ZÄHLENWENN($D17:$J17;K$1) | =ZÄHLENWENN($D17:$J17;L$1) | =ZÄHLENWENN($D17:$J17;M$1) | =ZÄHLENWENN($D17:$J17;N$1) |
| 18 | Freitag | 42027 | =ANZAHL2(D18:H18) | P0368 | P0345 | P0735 | | | | | =ZÄHLENWENN($D18:$J18;K$1) | =ZÄHLENWENN($D18:$J18;L$1) | =ZÄHLENWENN($D18:$J18;M$1) | =ZÄHLENWENN($D18:$J18;N$1) |
| 19 | Montag | 42030 | =ANZAHL2(D19:H19) | | P0345 | P0735 | | | | | =ZÄHLENWENN($D19:$J19;K$1) | =ZÄHLENWENN($D19:$J19;L$1) | =ZÄHLENWENN($D19:$J19;M$1) | =ZÄHLENWENN($D19:$J19;N$1) |
| 20 | Dienstag | 42031 | =ANZAHL2(D20:H20) | | P0345 | | | | | | =ZÄHLENWENN($D20:$J20;K$1) | =ZÄHLENWENN($D20:$J20;L$1) | =ZÄHLENWENN($D20:$J20;M$1) | =ZÄHLENWENN($D20:$J20;N$1) |
| 21 | Mittwoch | 42032 | =ANZAHL2(D21:H21) | | P0345 | | | | | | =ZÄHLENWENN($D21:$J21;K$1) | =ZÄHLENWENN($D21:$J21;L$1) | =ZÄHLENWENN($D21:$J21;M$1) | =ZÄHLENWENN($D21:$J21;N$1) |
| 22 | Donnerstag | 42033 | =ANZAHL2(D22:H22) | | P0345 | | | | | | =ZÄHLENWENN($D22:$J22;K$1) | =ZÄHLENWENN($D22:$J22;L$1) | =ZÄHLENWENN($D22:$J22;M$1) | =ZÄHLENWENN($D22:$J22;N$1) |
| 23 | Freitag | 42034 | =ANZAHL2(D23:H23) | P0368 | P0345 | | | | | | =ZÄHLENWENN($D23:$J23;K$1) | =ZÄHLENWENN($D23:$J23;L$1) | =ZÄHLENWENN($D23:$J23;M$1) | =ZÄHLENWENN($D23:$J23;N$1) |
| 24 | Montag | 42037 | =ANZAHL2(D24:H24) | | P0345 | | | | | | =ZÄHLENWENN($D24:$J24;K$1) | =ZÄHLENWENN($D24:$J24;L$1) | =ZÄHLENWENN($D24:$J24;M$1) | =ZÄHLENWENN($D24:$J24;N$1) |
| 25 | Dienstag | 42038 | =ANZAHL2(D25:H25) | | P0345 | | | | | | =ZÄHLENWENN($D25:$J25;K$1) | =ZÄHLENWENN($D25:$J25;L$1) | =ZÄHLENWENN($D25:$J25;M$1) | =ZÄHLENWENN($D25:$J25;N$1) |
| 26 | Mittwoch | 42039 | =ANZAHL2(D26:H26) | P0530 | P0346 | P0711 | | | | | =ZÄHLENWENN($D26:$J26;K$1) | =ZÄHLENWENN($D26:$J26;L$1) | =ZÄHLENWENN($D26:$J26;M$1) | =ZÄHLENWENN($D26:$J26;N$1) |
| 27 | Donnerstag | 42040 | =ANZAHL2(D27:H27) | P0530 | P0347 | P0712 | | | | | =ZÄHLENWENN($D27:$J27;K$1) | =ZÄHLENWENN($D27:$J27;L$1) | =ZÄHLENWENN($D27:$J27;M$1) | =ZÄHLENWENN($D27:$J27;N$1) |
| 28 | Freitag | 42041 | =ANZAHL2(D28:H28) | P0530 | P0348 | P0713 | | | | | =ZÄHLENWENN($D28:$J28;K$1) | =ZÄHLENWENN($D28:$J28;L$1) | =ZÄHLENWENN($D28:$J28;M$1) | =ZÄHLENWENN($D28:$J28;N$1) |
| 29 | Montag | 42044 | =ANZAHL2(D29:H29) | P0530 | P0349 | P0714 | | | | | =ZÄHLENWENN($D29:$J29;K$1) | =ZÄHLENWENN($D29:$J29;L$1) | =ZÄHLENWENN($D29:$J29;M$1) | =ZÄHLENWENN($D29:$J29;N$1) |
| 30 | Dienstag | 42045 | =ANZAHL2(D30:H30) | P0530 | | P0715 | | | | | =ZÄHLENWENN($D30:$J30;K$1) | =ZÄHLENWENN($D30:$J30;L$1) | =ZÄHLENWENN($D30:$J30;M$1) | =ZÄHLENWENN($D30:$J30;N$1) |
| 31 | Mittwoch | 42046 | =ANZAHL2(D31:H31) | P0530 | | P0716 | | | | | =ZÄHLENWENN($D31:$J31;K$1) | =ZÄHLENWENN($D31:$J31;L$1) | =ZÄHLENWENN($D31:$J31;M$1) | =ZÄHLENWENN($D31:$J31;N$1) |
| 32 | Donnerstag | 42047 | =ANZAHL2(D32:H32) | P0530 | | P0716 | | | | | =ZÄHLENWENN($D32:$J32;K$1) | =ZÄHLENWENN($D32:$J32;L$1) | =ZÄHLENWENN($D32:$J32;M$1) | =ZÄHLENWENN($D32:$J32;N$1) |
| 33 | Freitag | 42048 | =ANZAHL2(D33:H33) | | | P0716 | | | | | =ZÄHLENWENN($D33:$J33;K$1) | =ZÄHLENWENN($D33:$J33;L$1) | =ZÄHLENWENN($D33:$J33;M$1) | =ZÄHLENWENN($D33:$J33;N$1) |
| 34 | Montag | 42051 | =ANZAHL2(D34:H34) | P0723 | | P0716 | | | | | =ZÄHLENWENN($D34:$J34;K$1) | =ZÄHLENWENN($D34:$J34;L$1) | =ZÄHLENWENN($D34:$J34;M$1) | =ZÄHLENWENN($D34:$J34;N$1) |
| 35 | Dienstag | 42052 | =ANZAHL2(D35:H35) | | | P0716 | | | | | =ZÄHLENWENN($D35:$J35;K$1) | =ZÄHLENWENN($D35:$J35;L$1) | =ZÄHLENWENN($D35:$J35;M$1) | =ZÄHLENWENN($D35:$J35;N$1) |
| 36 | Mittwoch | 42053 | =ANZAHL2(D36:H36) | P0678 | | P0716 | | | | | =ZÄHLENWENN($D36:$J36;K$1) | =ZÄHLENWENN($D36:$J36;L$1) | =ZÄHLENWENN($D36:$J36;M$1) | =ZÄHLENWENN($D36:$J36;N$1) |
| 37 | Donnerstag | 42054 | =ANZAHL2(D37:H37) | P0678 | | P0716 | | | | | =ZÄHLENWENN($D37:$J37;K$1) | =ZÄHLENWENN($D37:$J37;L$1) | =ZÄHLENWENN($D37:$J37;M$1) | =ZÄHLENWENN($D37:$J37;N$1) |
| 38 | Freitag | 42055 | =ANZAHL2(D38:H38) | P0678 | | P0716 | | | | | =ZÄHLENWENN($D38:$J38;K$1) | =ZÄHLENWENN($D38:$J38;L$1) | =ZÄHLENWENN($D38:$J38;M$1) | =ZÄHLENWENN($D38:$J38;N$1) |

## Tabellenblatt „Mitarbeiter Lösung“

Web

| | A | B | C | D | E | F |
|---|---|---|---|---|---|---|
| 1 | Personal Nummer | Name | Vorname | Abteilung | Anzahl Fehltage | 398 |
| 2 | P0331 | Wurmstein | Alexander | L | 4 | |
| 3 | P0338 | Travelina | Bert | BS | 18 | |
| 4 | P0345 | Tafelstein | Daniela | VT | 43 | |
| 5 | P0352 | Rindenstein | Faruk | BU | 2 | |
| 6 | P0359 | Pistacit | Hatice | BS | 2 | |
| 7 | P0366 | Mornit | Jennifer | BS | 3 | |
| 8 | P0367 | Karuba | Markus | L | 17 | |
| 9 | P0368 | Jenzschit | Mara | BS | 14 | |
| 10 | P0492 | Venushaar | Ayse | T | 4 | |
| 11 | P0498 | Puschkinit | Hannes | BU | 3 | |
| 12 | P0504 | Chita | Simon | L | 8 | |
| 13 | P0510 | Zitrin | Alexander | BS | 3 | |
| 14 | P0516 | Roteisenerz | Christian | VT | 1 | |
| 15 | P0522 | Poliopyrit | Hermann | VT | 2 | |
| 16 | P0528 | Massik | Karola | VT | 5 | |
| 17 | P0529 | Luvulith | Kemal | P | 2 | |
| 18 | P0530 | Kalcedon | Marja | BS | 21 | |
| 19 | P0531 | Jasponyx | Moran | L | 28 | |
| 20 | P0678 | Jasper | Nie | P | 18 | |
| 21 | P0684 | Hibschit | Osman | L | 4 | |
| 22 | P0690 | Giobertit | Siegfried | VT | 2 | |
| 23 | P0696 | Dravit | Sigbert | T | 19 | |
| 24 | P0702 | Blutstein | Philipp | BS | 14 | |
| 25 | P0708 | Bitterkalk | San | L | 17 | |
| 26 | P0714 | Ballas | Frauke | BS | 14 | |
| 27 | P0715 | Augstein | Yvo | L | 2 | |
| 28 | P0716 | Murrhina | Janus | L | 18 | |
| 29 | P0719 | Luvulith | Katharina | VT | 1 | |
| 30 | P0720 | Rautenstein | Uwe | L | 4 | |
| 31 | P0721 | Kole | Stella | VT | 2 | |
| 32 | P0722 | Beese | Tanja | VT | 3 | |
| 33 | P0723 | Waise | Anjoschka | L | 12 | |
| 34 | P0724 | Perdell | Horst | L | 29 | |
| 35 | P0728 | Oisanit | Isban | BU | 21 | |
| 36 | P0729 | Neslit | Jaja | L | 3 | |
| 37 | P0730 | Labrador | Kurt | L | 8 | |
| 38 | P0731 | Iras | Ömer | T | 4 | |
| 39 | P0734 | Harmophan | Sonja | VT | 1 | |
| 40 | P0735 | Glaukolith | Manfred | L | 21 | |
| 41 | P0736 | Bayat | Tim | L | 1 | |

## Tabellenblatt „Mitarbeiter Formel“

| | A | B | C | D | E | F |
|---|---|---|---|---|---|---|
| | Personal Nummer | Name | Vorname | Abteilung | Anzahl | |
| 1 | | | | | Fehltage | =SUMME(E2:E41) |
| 2 | P0331 | Wurmstein | Alexander | L | =ZÄHLENWENN(KM!D:J;A2) | |
| 3 | P0338 | Travelina | Bert | BS | =ZÄHLENWENN(KM!D:J;A3) | |
| 4 | P0345 | Tafelstein | Daniela | VT | =ZÄHLENWENN(KM!D:J;A4) | |
| 5 | P0352 | Rindenstein | Faruk | BU | =ZÄHLENWENN(KM!D:J;A5) | |
| 6 | P0359 | Pistacit | Hatice | BS | =ZÄHLENWENN(KM!D:J;A6) | |
| 7 | P0366 | Mornit | Jennifer | BS | =ZÄHLENWENN(KM!D:J;A7) | |
| 8 | P0367 | Karuba | Markus | L | =ZÄHLENWENN(KM!D:J;A8) | |
| 9 | P0368 | Jenzschit | Mara | BS | =ZÄHLENWENN(KM!D:J;A9) | |
| 10 | P0492 | Venushaar | Ayse | T | =ZÄHLENWENN(KM!D:J;A10) | |
| 11 | P0498 | Puschkinit | Hannes | BU | =ZÄHLENWENN(KM!D:J;A11) | |
| 12 | P0504 | Chita | Simon | L | =ZÄHLENWENN(KM!D:J;A12) | |
| 13 | P0510 | Zitrin | Alexander | BS | =ZÄHLENWENN(KM!D:J;A13) | |
| 14 | P0516 | Roteisenerz | Christian | VT | =ZÄHLENWENN(KM!D:J;A14) | |
| 15 | P0522 | Poliopyrit | Hermann | VT | =ZÄHLENWENN(KM!D:J;A15) | |
| 16 | P0528 | Massik | Karola | VT | =ZÄHLENWENN(KM!D:J;A16) | |
| 17 | P0529 | Luvulith | Kemal | P | =ZÄHLENWENN(KM!D:J;A17) | |
| 18 | P0530 | Kalcedon | Marja | BS | =ZÄHLENWENN(KM!D:J;A18) | |
| 19 | P0531 | Jasponyx | Moran | L | =ZÄHLENWENN(KM!D:J;A19) | |
| 20 | P0678 | Jasper | Nie | P | =ZÄHLENWENN(KM!D:J;A20) | |
| 21 | P0684 | Hibschit | Osman | L | =ZÄHLENWENN(KM!D:J;A21) | |
| 22 | P0690 | Giobertit | Siegfried | VT | =ZÄHLENWENN(KM!D:J;A22) | |
| 23 | P0696 | Dravit | Sigbert | T | =ZÄHLENWENN(KM!D:J;A23) | |
| 24 | P0702 | Blutstein | Philipp | BS | =ZÄHLENWENN(KM!D:J;A24) | |
| 25 | P0708 | Bitterkalk | San | L | =ZÄHLENWENN(KM!D:J;A25) | |
| 26 | P0714 | Ballas | Frauke | BS | =ZÄHLENWENN(KM!D:J;A26) | |
| 27 | P0715 | Augstein | Yvo | L | =ZÄHLENWENN(KM!D:J;A27) | |
| 28 | P0716 | Murrhina | Janus | L | =ZÄHLENWENN(KM!D:J;A28) | |
| 29 | P0719 | Luvulith | Katharina | VT | =ZÄHLENWENN(KM!D:J;A29) | |
| 30 | P0720 | Rautenstein | Uwe | L | =ZÄHLENWENN(KM!D:J;A30) | |
| 31 | P0721 | Kole | Stella | VT | =ZÄHLENWENN(KM!D:J;A31) | |
| 32 | P0722 | Beese | Tanja | VT | =ZÄHLENWENN(KM!D:J;A32) | |
| 33 | P0723 | Waise | Anjoschka | L | =ZÄHLENWENN(KM!D:J;A33) | |
| 34 | P0724 | Perdell | Horst | L | =ZÄHLENWENN(KM!D:J;A34) | |
| 35 | P0728 | Oisanit | Isban | BU | =ZÄHLENWENN(KM!D:J;A35) | |
| 36 | P0729 | Neslit | Jaja | L | =ZÄHLENWENN(KM!D:J;A36) | |
| 37 | P0730 | Labrador | Kurt | L | =ZÄHLENWENN(KM!D:J;A37) | |
| 38 | P0731 | Iras | Omer | T | =ZÄHLENWENN(KM!D:J;A38) | |
| 39 | P0734 | Harmophan | Sonja | VT | =ZÄHLENWENN(KM!D:J;A39) | |
| 40 | P0735 | Glaukolith | Manfred | L | =ZÄHLENWENN(KM!D:J;A40) | |
| 41 | P0736 | Bayat | Tim | L | =ZÄHLENWENN(KM!D:J;A41) | |

Web

## Aufgabe 2

### Tabellenblatt „KM Wtag“

| | A | B | C | D | E | F | G | H | I | J | K | L | M | N | O | P | Q | R | S | T | U |
|---|---|---|---|---|---|---|---|---|---|---|---|---|---|---|---|---|---|---|---|---|---|
| 1 | 40 | Summe | P0331 | P0338 | P0345 | P0352 | P0359 | P0366 | P0367 | P0368 | P0492 | P0498 | P0504 | P0510 | P0516 | P0522 | P0528 | P0529 | P0530 | P0531 | P0678 |
| 2 | Montag | 82 | 1 | 2 | 15 | 1 | 1 | 2 | 3 | 2 | 0 | 1 | 1 | 0 | 0 | 0 | 1 | 2 | 3 | 6 | 3 |
| 3 | Dienstag | 86 | 1 | 5 | 10 | 0 | 0 | 1 | 4 | 3 | 2 | 0 | 2 | 0 | 1 | 1 | 0 | 0 | 4 | 6 | 4 |
| 4 | Mittwoch | 78 | 0 | 4 | 8 | 0 | 0 | 0 | 3 | 2 | 1 | 0 | 2 | 0 | 0 | 0 | 2 | 0 | 5 | 6 | 4 |
| 5 | Donnerstag | 74 | 1 | 3 | 4 | 0 | 1 | 0 | 4 | 2 | 1 | 1 | 2 | 1 | 0 | 1 | 1 | 0 | 6 | 5 | 4 |
| 6 | Freitag | 78 | 1 | 4 | 6 | 1 | 0 | 0 | 3 | 5 | 0 | 1 | 1 | 2 | 0 | 0 | 1 | 0 | 3 | 5 | 3 |
| 7 | Summe | 398 | 4 | 18 | 43 | 2 | 2 | 3 | 17 | 14 | 4 | 3 | 8 | 3 | 1 | 2 | 5 | 2 | 21 | 28 | 18 |

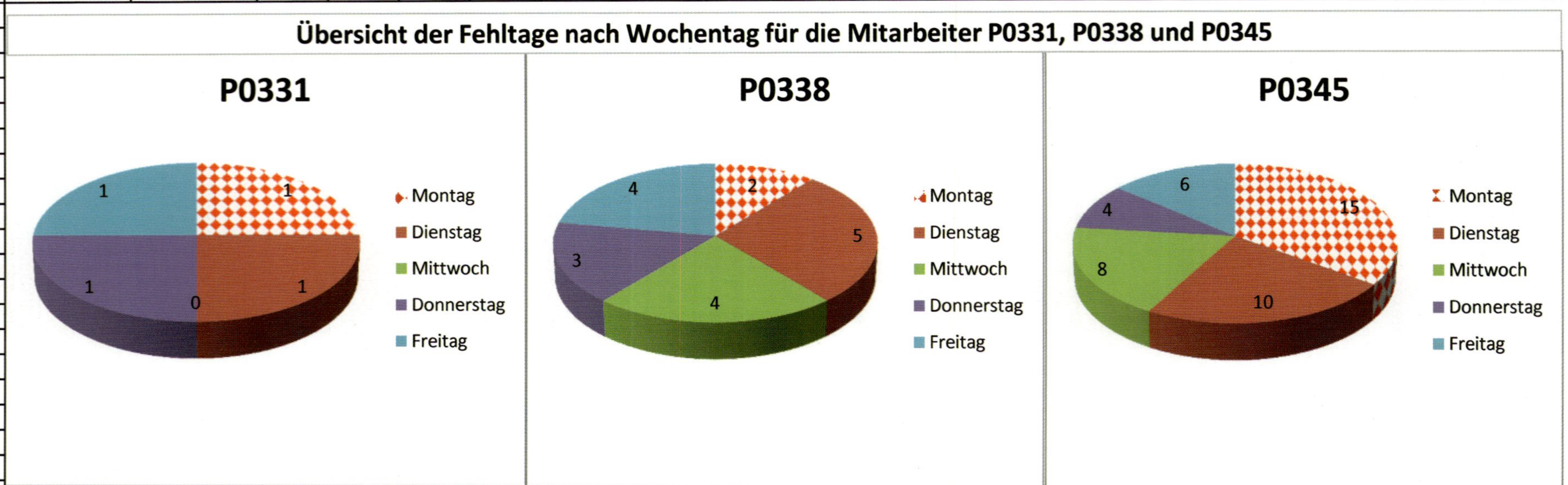

## Tabellenblatt „KM Wtag Formeln“

| | A | B | C | D | E | F |
|---|---|---|---|---|---|---|
| 1 | =ANZAHL2(C1:BG1) | Summe | P0331 | P0338 | P0345 | P0352 |
| 2 | Montag | =SUMME(C2:AP2) | =SUMMEWENN(KM!$A:$A;$A2;KM!K:K) | =SUMMEWENN(KM!$A:$A;$A2;KM!L:L) | =SUMMEWENN(KM!$A:$A;$A2;KM!M:M) | =SUMMEWENN(KM!$A:$A;$A2;KM!N:N) |
| 3 | Dienstag | =SUMME(C3:AP3) | =SUMMEWENN(KM!$A:$A;$A3;KM!K:K) | =SUMMEWENN(KM!$A:$A;$A3;KM!L:L) | =SUMMEWENN(KM!$A:$A;$A3;KM!M:M) | =SUMMEWENN(KM!$A:$A;$A3;KM!N:N) |
| 4 | Mittwoch | =SUMME(C4:AP4) | =SUMMEWENN(KM!$A:$A;$A4;KM!K:K) | =SUMMEWENN(KM!$A:$A;$A4;KM!L:L) | =SUMMEWENN(KM!$A:$A;$A4;KM!M:M) | =SUMMEWENN(KM!$A:$A;$A4;KM!N:N) |
| 5 | Donnerstag | =SUMME(C5:AP5) | =SUMMEWENN(KM!$A:$A;$A5;KM!K:K) | =SUMMEWENN(KM!$A:$A;$A5;KM!L:L) | =SUMMEWENN(KM!$A:$A;$A5;KM!M:M) | =SUMMEWENN(KM!$A:$A;$A5;KM!N:N) |
| 6 | Freitag | =SUMME(C6:AP6) | =SUMMEWENN(KM!$A:$A;$A6;KM!K:K) | =SUMMEWENN(KM!$A:$A;$A6;KM!L:L) | =SUMMEWENN(KM!$A:$A;$A6;KM!M:M) | =SUMMEWENN(KM!$A:$A;$A6;KM!N:N) |
| 7 | Summe | =SUMME(B2:B6) | =SUMME(C2:C6) | =SUMME(D2:D6) | =SUMME(E2:E6) | =SUMME(F2:F6) |

| | G | H | I | J |
|---|---|---|---|---|
| 1 | P0359 | P0366 | P0367 | P0368 |
| 2 | =SUMMEWENN(KM!$A:$A;$A2;KM!O:O) | =SUMMEWENN(KM!$A:$A;$A2;KM!P:P) | =SUMMEWENN(KM!$A:$A;$A2;KM!Q:Q) | =SUMMEWENN(KM!$A:$A;$A2;KM!R:R) |
| 3 | =SUMMEWENN(KM!$A:$A;$A3;KM!O:O) | =SUMMEWENN(KM!$A:$A;$A3;KM!P:P) | =SUMMEWENN(KM!$A:$A;$A3;KM!Q:Q) | =SUMMEWENN(KM!$A:$A;$A3;KM!R:R) |
| 4 | =SUMMEWENN(KM!$A:$A;$A4;KM!O:O) | =SUMMEWENN(KM!$A:$A;$A4;KM!P:P) | =SUMMEWENN(KM!$A:$A;$A4;KM!Q:Q) | =SUMMEWENN(KM!$A:$A;$A4;KM!R:R) |
| 5 | =SUMMEWENN(KM!$A:$A;$A5;KM!O:O) | =SUMMEWENN(KM!$A:$A;$A5;KM!P:P) | =SUMMEWENN(KM!$A:$A;$A5;KM!Q:Q) | =SUMMEWENN(KM!$A:$A;$A5;KM!R:R) |
| 6 | =SUMMEWENN(KM!$A:$A;$A6;KM!O:O) | =SUMMEWENN(KM!$A:$A;$A6;KM!P:P) | =SUMMEWENN(KM!$A:$A;$A6;KM!Q:Q) | =SUMMEWENN(KM!$A:$A;$A6;KM!R:R) |
| 7 | =SUMME(G2:G6) | =SUMME(H2:H6) | =SUMME(I2:I6) | =SUMME(J2:J6) |

Web

2

Web

## Aufgabe 3

**Tabellenblatt „FT nach Abt Lösung“**

| | A | B | C | D | E | F |
|---|---|---|---|---|---|---|
| 1 | Abteilung | Abteilung Kürzel | Anzahl Mitarbeiter | Anzahl Fehltage | Arbeitstage 2015 | Fehlquote 2015 |
| 2 | Beschaffung | BS | 8 | 89 | 253 | 4,99 |
| 3 | Buchhaltung | BU | 3 | 26 | 253 | 3,89 |
| 4 | Lager | L | 15 | 176 | 253 | 5,26 |
| 5 | Personal | P | 2 | 20 | 253 | 4,48 |
| 6 | Transport | T | 3 | 27 | 253 | 4,04 |
| 7 | Vertrieb | VT | 9 | 60 | 253 | 2,99 |
| 8 | Summe | | 40 | 398 | 253 | 4,46 |

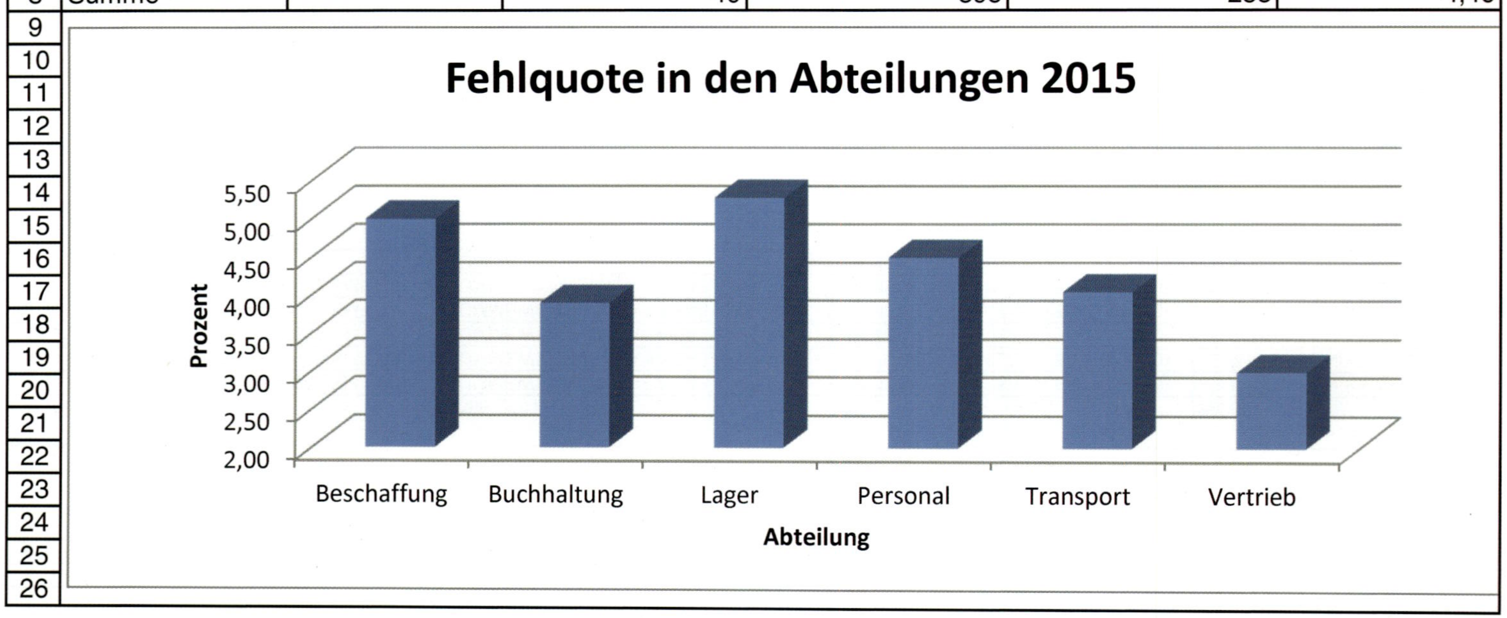

## Tabellenblatt „FT nach Abt Formeln

| | A | B | C | D | E | F |
|---|---|---|---|---|---|---|
| 1 | Abteilung | Abteilung Kürzel | Anzahl Mitarbeiter | Anzahl Fehltage | Arbeitstage 2015 | Fehlquote 2015 |
| 2 | Beschaffung | BS | =ZÄHLENWENN(Mitarbeiter!D:D;B2) | =SUMMEWENN(Mitarbeiter!D:D;B2;'Mitarbeiter Lösung'!E:E) | =ANZAHL2(KM!A:A)-1 | =D2/((E2-30)*C2)*100 |
| 3 | Buchhaltung | BU | =ZÄHLENWENN(Mitarbeiter!D:D;B3) | =SUMMEWENN(Mitarbeiter!D:D;B3;'Mitarbeiter Lösung'!E:E) | =ANZAHL2(KM!A:A)-1 | =D3/((E3-30)*C3)*100 |
| 4 | Lager | L | =ZÄHLENWENN(Mitarbeiter!D:D;B4) | =SUMMEWENN(Mitarbeiter!D:D;B4;'Mitarbeiter Lösung'!E:E) | =ANZAHL2(KM!A:A)-1 | =D4/((E4-30)*C4)*100 |
| 5 | Personal | P | =ZÄHLENWENN(Mitarbeiter!D:D;B5) | =SUMMEWENN(Mitarbeiter!D:D;B5;'Mitarbeiter Lösung'!E:E) | =ANZAHL2(KM!A:A)-1 | =D5/((E5-30)*C5)*100 |
| 6 | Transport | T | =ZÄHLENWENN(Mitarbeiter!D:D;B6) | =SUMMEWENN(Mitarbeiter!D:D;B6;'Mitarbeiter Lösung'!E:E) | =ANZAHL2(KM!A:A)-1 | =D6/((E6-30)*C6)*100 |
| 7 | Vertrieb | VT | =ZÄHLENWENN(Mitarbeiter!D:D;B7) | =SUMMEWENN(Mitarbeiter!D:D;B7;'Mitarbeiter Lösung'!E:E) | =ANZAHL2(KM!A:A)-1 | =D7/((E7-30)*C7)*100 |
| 8 | Summe | | =SUMME(C2:C7) | =SUMME(D2:D7) | =ANZAHL2(KM!A:A)-1 | =D8/((E8-30)*C8)*100 |

2

## Aufgabe 4

### Lösung zur Mitarbeiterbefragung

METEORIT AG

**Mitarbeiterbefragung**

| Kriterien | Trifft überhaupt nicht zu | Trifft gelegentlich nicht zu | Ausgeglichen | Trifft manchmal zu | Trifft oft zu |
|---|---|---|---|---|---|
| 1. Während meiner Arbeit kann ich mich ausreichend konzentrieren. | ☐ | ☐ | ☐ | ☐ | ☐ |
| 2. Meine Arbeit erfordert eine hohe Denkleistung. | ☐ | ☐ | ☐ | ☐ | ☐ |
| 3. Ich stehe unter ständigem Termindruck. | ☐ | ☐ | ☐ | ☐ | ☐ |
| 4. Meine Arbeitsmenge ist kontinuierlich. | ☐ | ☐ | ☐ | ☐ | ☐ |
| 5. Meine Arbeit muss ich ständig unterbrechen. | ☐ | ☐ | ☐ | ☐ | ☐ |
| 6. Ich fühle mich unterfordert. | ☐ | ☐ | ☐ | ☐ | ☐ |
| 7. Ich arbeite in einem Einzelbüro. | ☐ | ☐ | ☐ | ☐ | ☐ |
| 8. Der Lärmpegel stört meine Konzentration. | ☐ | ☐ | ☐ | ☐ | ☐ |

| Kriterien | Trifft überhaupt nicht zu | Trifft gelegentlich nicht zu | Ausgeglichen | Trifft manchmal zu | Trifft oft zu |
|---|---|---|---|---|---|
| 9. Die Ausstattung meines Arbeitsplatzes entspricht den neuen ergonomischen Richtlinien. | ☐ | ☐ | ☐ | ☐ | ☐ |
| 10. Das Verhalten meines Vorgesetzten ist angemessen. | ☐ | ☐ | ☐ | ☐ | ☐ |
| 11. Das Verhalten meiner Kollegen ist angemessen. | ☐ | ☐ | ☐ | ☐ | ☐ |
| 12. Ich habe einen hohen eigenen Anspruch. | ☐ | ☐ | ☐ | ☐ | ☐ |
| 13. Mit meinen eigenen Fehlern kann ich angemessen umgehen. | ☐ | ☐ | ☐ | ☐ | ☐ |
| 14. Kritik, die an meine Person gerichtet ist, kann ich gut aushalten. | ☐ | ☐ | ☐ | ☐ | ☐ |

Meteorit AG, Saturnstraße 48 – 68, 60320 Frankfurt

## Aufgabe 5

### Lösung des Briefvordrucks an die Meteorit AG

METEORIT AG

| | | |
|---|---|---|
| Meteorit AG, Saturnstraße 48 – 68, 60320 Frankfurt | | Ansprechpartner:<br>E-Mail:<br><br>Datum: |

| | | | |
|---|---|---|---|
| Geschäftsräume:<br>Saturnstraße 48 – 68<br>60320 Frankfurt<br>Steuer-Nr.: Steuer-Nr.<br>USt-IdNr.: Ust.-Nr. | Telefon: Zentrale<br>Fax: Faxdurchwahl | E-Mail: info@meteorit-ag.de | Bankverbindung:<br>Bankverbindung |

Geschäftsführer: Georg Glas
Sitz der Gesellschaft: Frankfurt – Handelsregister: HR-Eintrag beim Amtsgericht Frankfurt

## Lösung zum Aufforderungsschreiben an die Meteorit AG

METEORIT AG

Ansprechpartner: Sachbearbeiter
E-Mail: E-Mail-Adresse

Datum: Tagesdatum

Meteorit AG, Saturnstraße 48 – 68, 60320 Frankfurt
Name der/s Mitarbeiters/in
Im Hause

**Ihre Krankmeldungen**

Sehr geehrt Anrede des/der Mitarbeiters/Mitarbeiterin,

mit Sorge betrachten wir seit einiger Zeit in unserem Hause den wachsenden Krankenstand. Das haben wir zum Anlass genommen, eine genaue Analyse durchzuführen.

Dabei ist uns aufgefallen, dass Sie häufig montags ohne Krankmeldung fehlen. Das werden wir nicht weiter akzeptieren und bestehen ab sofort darauf, dass Sie jeden Fehltag mit einer Arbeitsunfähigkeitsbescheinigung belegen.

Sollten Sie dieser Aufforderung nicht nachkommen, werden wir arbeitsrechtliche Konsequenzen ableiten.

Freundliche Grüße

Meteorit AG

Sachbearbeiter

Geschäftsräume:
Saturnstraße 48 – 68
60320 Frankfurt
Steuer-Nr.: Steuer-Nr.
USt-IdNr.: Ust.-Nr.

Telefon: Zentrale
Fax: Faxdurchwahl

E-Mail: info@meteorit-ag.de

Bankverbindung:
Bankverbindung

Geschäftsführer: Georg Glas
Sitz der Gesellschaft: Frankfurt – Handelsregister: HR-Eintrag beim Amtsgericht Frankfurt

# Teil C: Meilensteine und Stolpersteine – Weiterführende Lösungshinweise zu den Aufgaben

## Prüfung 2

### Als Dienstleister einen Gesundheitstag der Meteorit AG planen

**Tabellenkalkulation**

- Krankenstand der einzelnen Mitarbeiter/-innen analysieren
- Feststellung, ob Krankenscheine vorliegen
- Anzahl der gesamten Fehltage für 2015 ermitteln
- Krankmeldung pro Wochentag recherchieren
- zu den ersten drei Mitarbeiter(n)/-innen als Kreisdiagramm darstellen
- Fehltage in den Abteilungen auswerten

**Textverarbeitung**

- Faltblatt zur Mitarbeiterbefragung als Bewertungsbogen anfertigen
- Kriterien zu den Rahmenbedingungen am Arbeitsplatz formulieren
- Briefvordruck erstellen
- Schreiben an die Mitarbeiter/-innen vorbereiten



### Aufgabe 1

### Weiterführendes zum Kopieren von Datenreihen

MEILEN STEIN

**Zu 1.1** Das notwendige Kopieren einer senkrechten Reihe mit Daten in eine horizontale Reihe oder umgekehrt ist über *Einfügen/Inhalte einfügen* und dann *Transponieren* anklicken möglich. Möglich ist auch, das Symbol „Transponieren“ direkt anzuklicken.

und anschließend

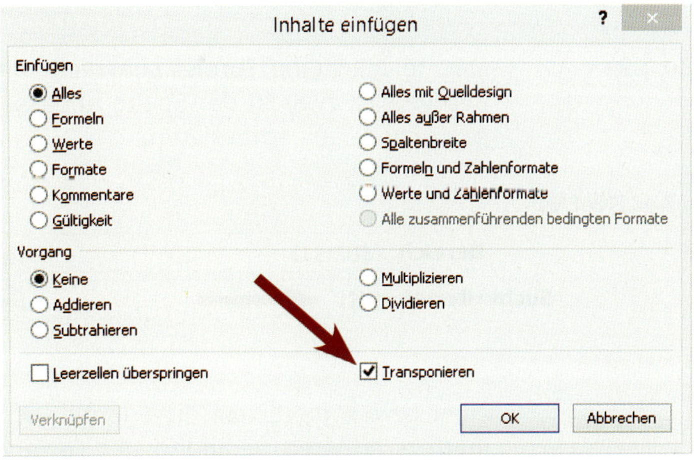


### Allgemeines zur ZÄHLENWENN-Funktion in Verbindung mit gemischt relativer Adressierung

Mit der Funktion ZÄHLENWENN kann man feststellen, wie oft ein Suchkriterium in einem Bereich vorhanden ist. Eine Vielzahl von Fragestellungen im kaufmännischen Umfeld wird mit dieser Formel bearbeitet.

Dazu schauen wir uns die Aufgabe 1.2 beispielhaft an.

In den Spalten D–J des Tabellenblattes KM werden die Personalnummern der Mitarbeiter eingetragen, die eine Krankmeldung abgegeben haben. In den Spalten K–AX gilt es nun festzustellen, wie oft hier die Personalnummer des einzelnen Mitarbeiters vorkommt.

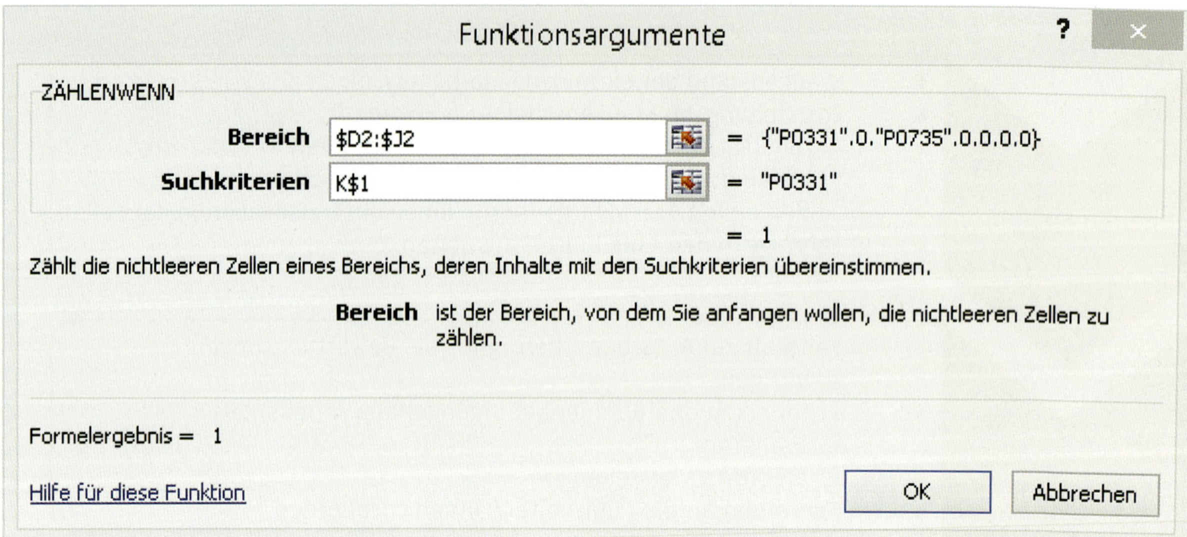


**Bereich** Dies ist der zu markierende Teil einer Tabelle oder der Name eines Bereiches, in dem die Häufigkeit des Suchkriteriums festgestellt werden soll.

**Suchkriterium** Dies ist der Wert, von dem wir feststellen wollen, wie oft er in dem Bereich vorkommt.

**Zu 1.2** Möchte man eine Formel senkrecht und waagerecht kopieren und sollen die Bezüge sich zwar in der Spalte anpassen, aber in der Zeile nicht, so kann man gemischt relativ adressieren.

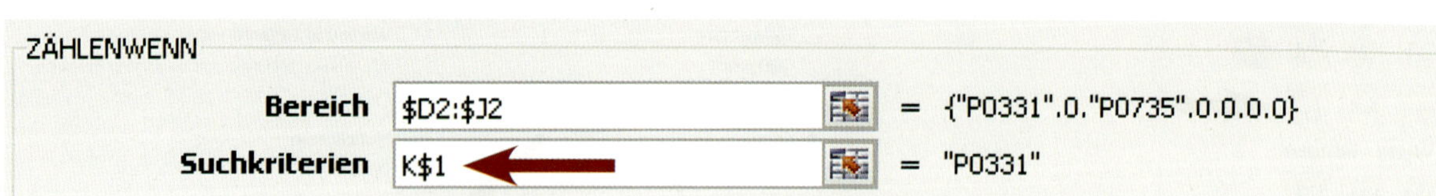


Zieht bzw. kopiert man die Formel nach rechts, um die weiteren Personalnummern zu erfassen, verändert sich Folgendes:

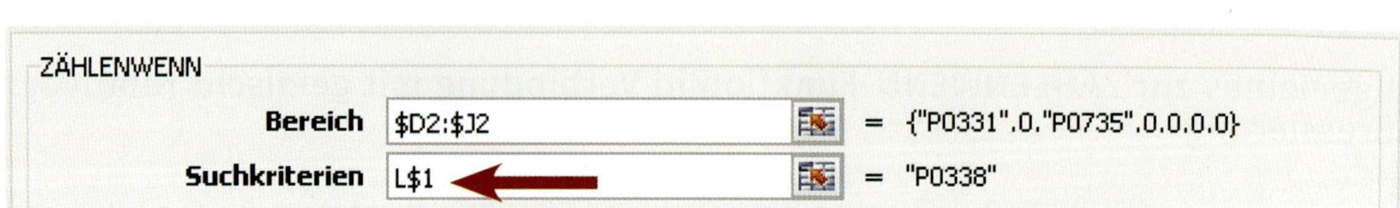

Der Bereich bleibt gleich und das Suchkriterium verändert sich von K1 auf L1.

Zieht bzw. kopiert man die Formel nach links, um die weiteren Wochentage zu erfassen, verändert sich Folgendes:

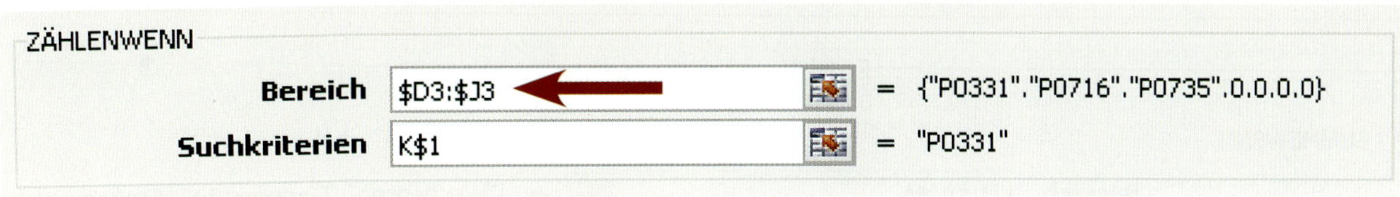


Die Spalte verändert sich nicht, die Zeile jedoch von 2 auf 3.



## Aufgabe 2

### Allgemeines zur ANZAHL2-Funktion

MEILEN STEIN

Die Anzahl nicht leerer Zellen lässt sich einfach mit der Funktion ANZAHL2 feststellen.

Dazu schauen wir uns die Aufgabe 2.1 beispielhaft an.



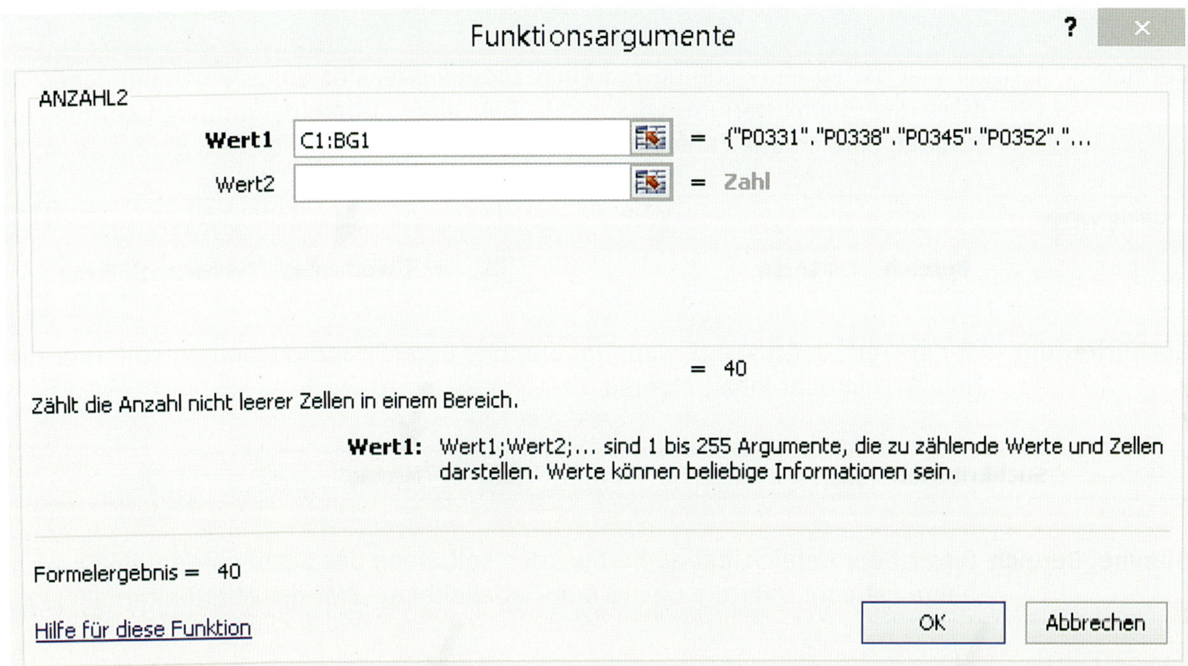


Hier wird in dem Bereich von C1 bis BG1 überprüft, wie viele Zellen nicht leer sind. Da es sich bei den Personalnummern um alphanumerische Zeichen handelt, reicht die Funktion ANZAHL nicht aus. Diese berücksichtigt nur numerische Werte in den Zellen.

### Allgemeines zur SUMMEWENN-Funktion in Verbindung mit gemischt relativer Adressierung

Mit der Funktion SUMMEWENN werden Zahlen addiert, die zu einem Suchkriterium gehören, die in einem Bereich vorhanden sind.

Dazu schauen wir uns die Aufgabe 2.2 beispielhaft an.

In den Spalten C–AP des Tabellenblattes „KM nach Wtag“ sind die Personalnummern aller Mitarbeiter eingetragen worden. In der Spalte A sind die Wochentage eingetragen; es gilt nun festzustellen, wie oft z. B. montags der/die einzelne Mitarbeiter/-in gefehlt hat. In dem Tabellenblatt „KM“ werden alle Zeilen mit **Montag** gesucht, dann in der Spalte K (Mitarbeiter P0331) die Zahlen addiert. Hier nur eine 1.

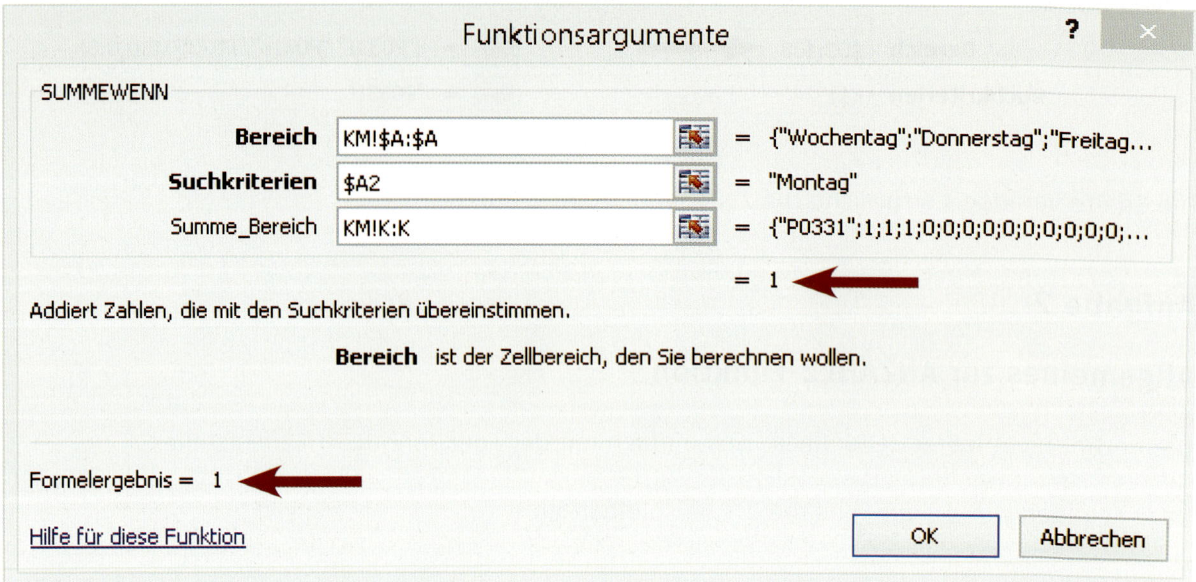


**Bereich** Dies ist der zu markierende Teil einer Tabelle oder der Name eines Bereiches, in dem das Suchkriterium vorkommt. Bei einer Übereinstimmung werden im Summe_Bereich alle Zahlen „addiert“; hier im Tabellenblatt „KM“ die Spalte A.

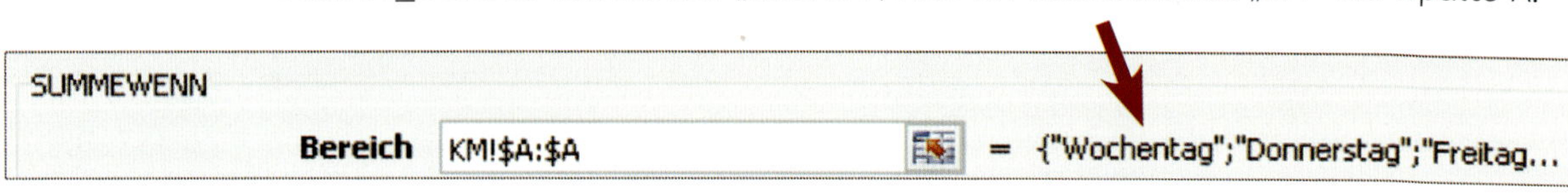


**Suchkriterium** Ist der Wert, der festlegt, wann im Summe_Bereich addiert werden soll. Hier die Zelle A2 mit dem Inhalt *Montag*.

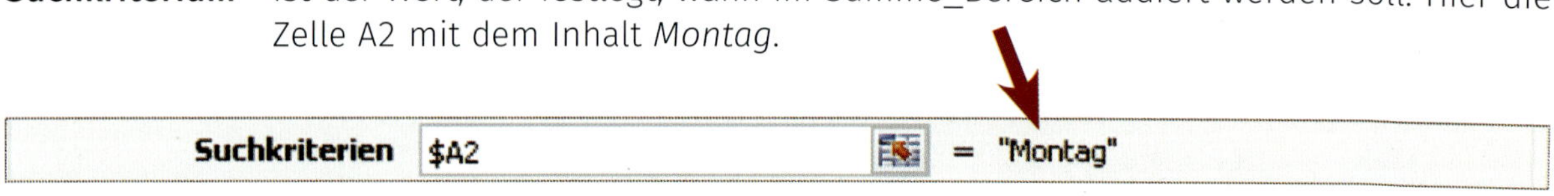


**Summe_Bereich** Dies ist der Bereich, der addiert werden soll, wenn das Suchkriterium im Bereich übereinstimmt. Hier die Spalte K im Tabellenblatt „KM“ des Mitarbeiters P0331:

**Zu 2.4** Spaltensummen lassen sich einfach und schnell mit Autosumme erstellen. Vorher die Zellen markieren, die leeren Zellen für Spaltensumme auch, dann das Summensymbol drücken, fertig!

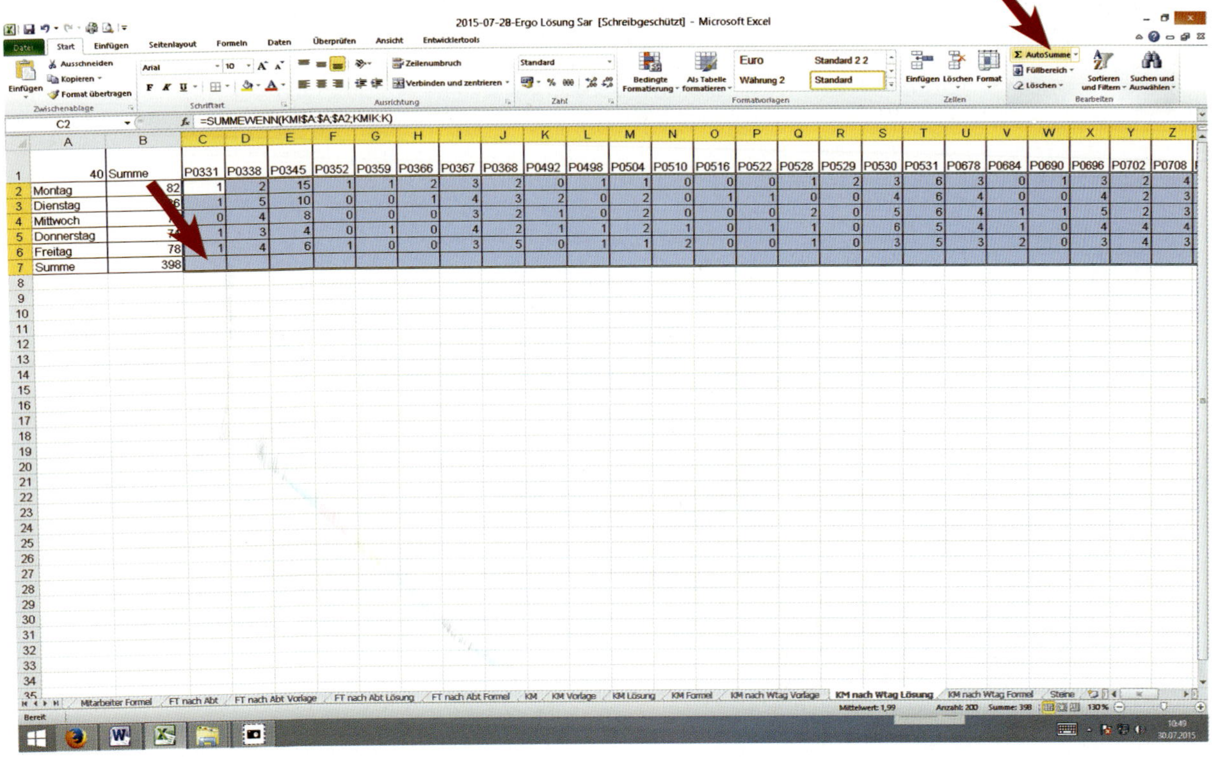


2

Web

## Weiterführendes zum Verwenden von einem Diagrammtyp mit unterschiedlichen Werten

Beispielhaft ist hierfür die Aufgabe 2.3.

Die drei Mitarbeiter/-innen sollen mit dem gleichen Diagramm, aber mit ihren eigenen Daten gegenübergestellt werden.

MEILEN STEIN

Folgendes Vorgehen erleichtert und verkürzt die Bearbeitung der Aufgabe:

1. Das Diagramm für P0331 nach Muster erstellen.
2. Den Diagrammbereich markieren und kopieren.

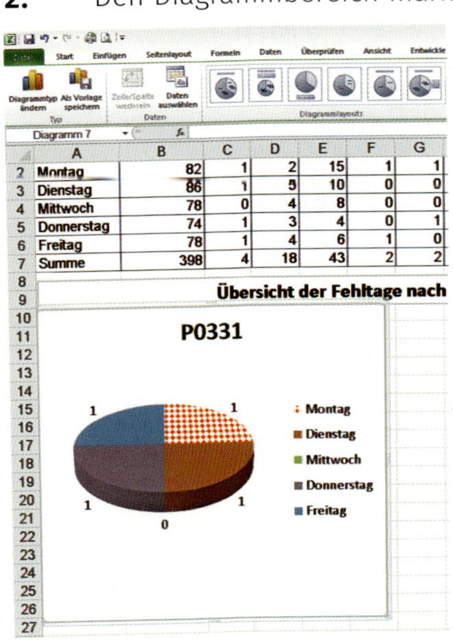

**3.** Anschließend das Diagramm zweimal einfügen.
**4.** Im ersten kopierten Diagramm die Datenreihen anklicken.

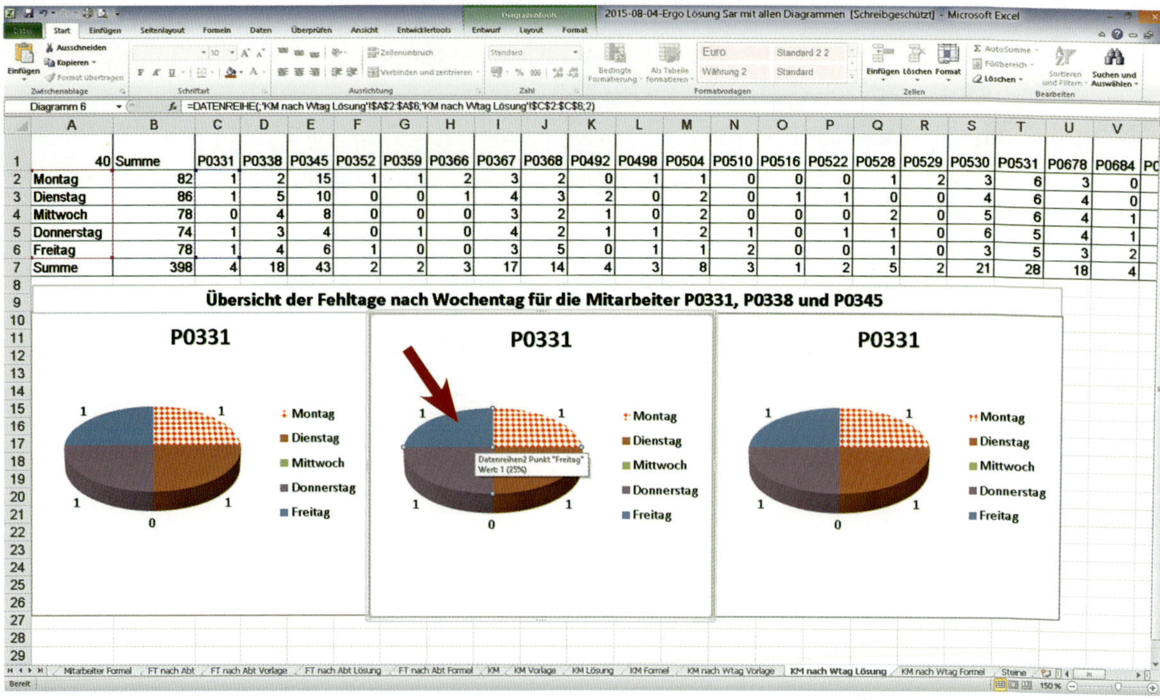


**5.** Nun die hier blauen Daten aus der Tabelle von Spalte C auf D verändern.

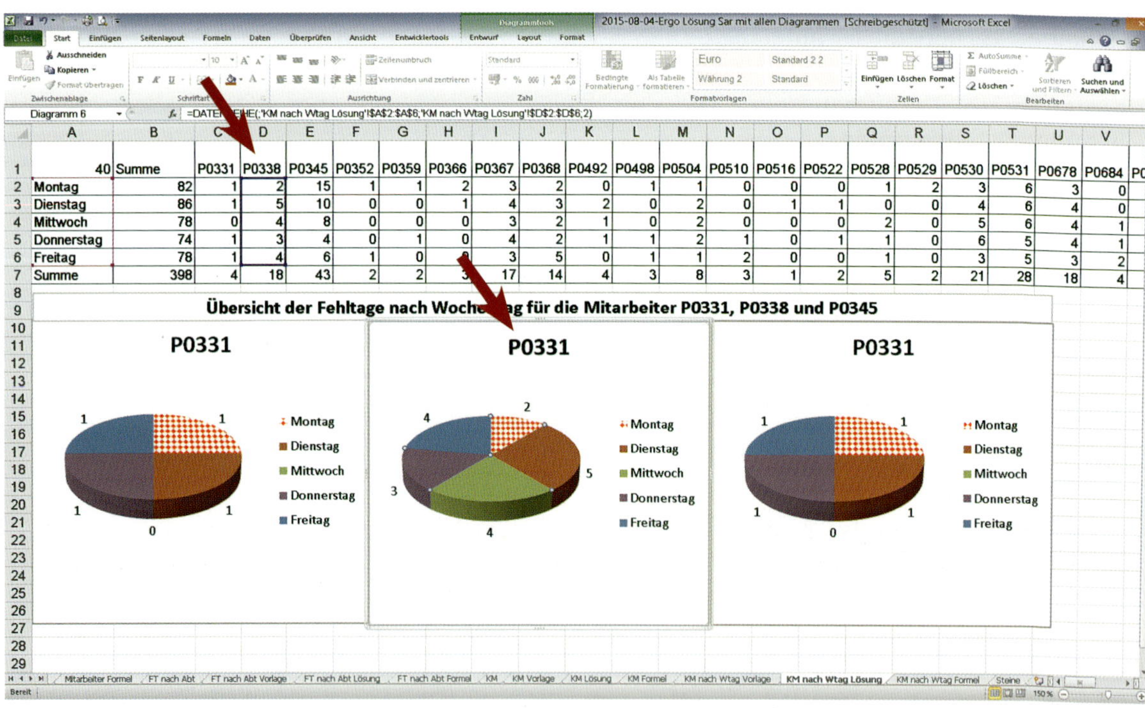


**6.** Jetzt noch die Überschrift anpassen und das Ganze mit dem dritten Diagramm wiederholen.

## Aufgabe 4

### Formatierungen

Im Seitenlayout wird die Ausrichtung festgelegt.

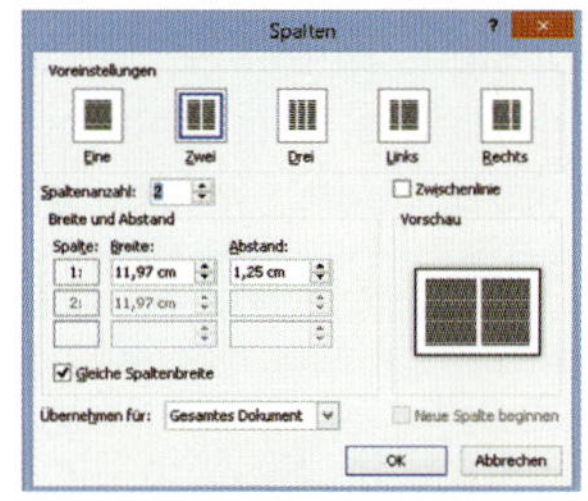


Nach der Überschrift wird das Spaltenlayout festgelegt. Word dokumentiert einen fortlaufenden Abschnittswechsel. „Fortlaufend“ bedeutet, dass auf einer Seite verschiedene Layouts eingegeben sind, in diesem Beispiel zunächst ein einspaltiges und dann ein zweispaltiges.

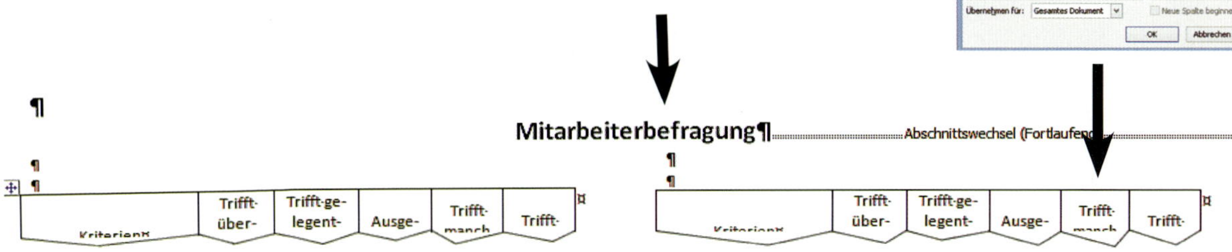


2

Einen benutzerdefinierten Spaltenwechsel erreicht man über *Seitenlayout/Umbrüche* oder über den Kurzbefehl *Strg/Shift+Enter.*

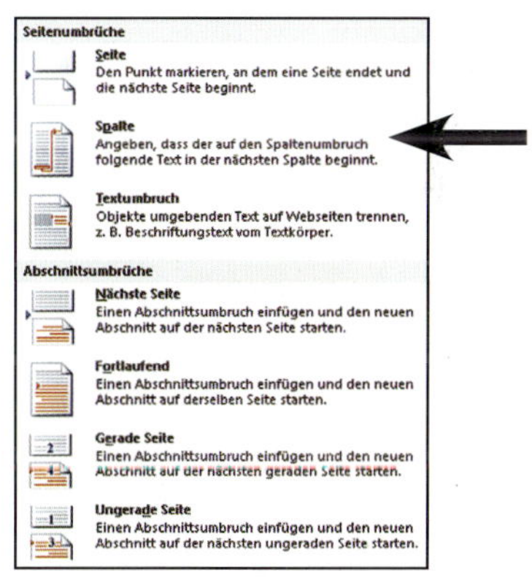


In dieser Aufgabe ist die Tabelle in der zweiten Spalte fortzusetzen. Gemäß DIN 5008 ist der Tabellenkopf bei einer mehrseitigen Tabelle auf der Folgeseite zu wiederholen. Das Spaltenlayout ist als zweiseitige Darstellung zu interpretieren und somit ist entsprechend zu verfahren. Der Tabellenkopf kann somit in die erste Zeile der zweiten Spalte kopiert werden.

Waagerechte Linien sind zu entfernen und zur besseren Lesbarkeit andere Formatierungsmöglichkeiten einzusetzen, z. B. die Hintergrundschattierung. Um andere Lösungsmöglichkeiten als die Hintergrundschattierung aufzuzeigen, ist in der Lösung die Schriftfarbe in Rot geändert. Um eine Rahmenlinie auszublenden, markiert man bspw. zunächst die zweite Tabellenzeile und deaktiviert die „Rahmenlinie unten“.

Das Formular ist als Onlineformular vorbereitet. Da es sich aber gemäß Aufgabenstellung um einen Entwurf handelt, können die Steuerelemente zunächst entfallen.

Gemäß dem Corporate Design ist im gesamten Dokument die Schriftart Calibri – auch in der Kopf- und Fußzeile – zu wählen.

### Inhaltliches

Auch bei dieser Aufgabe handelt es sich um einen Lösungsvorschlag. Die Kriterien können sowohl als Aussage als auch als Frage formuliert sein.

## Aufgabe 5

### Formatierungen

Der Vordruck ist auch als Lösungshinweis zu betrachten. Alle Briefvorlagen gemäß der DIN 5008 sind akzeptabel. Die Höhe des Briefkopfs bei Form A beträgt 2,7 cm und bei Form B 4,5 cm. Statt des Infoblockes kann auch eine Bezugszeichenzeile erstellt werden.

Da das Thema „Personal“ erst zu einem späteren Zeitpunkt im Lehrplan vorgesehen ist, steht dieser Brieftext als Baustein zur Verfügung und kann als Objekt *Text aus Datei/Aufforderung* oder aus dem Zwischenspeicher übernommen werden.

Das Aufforderungsschreiben an die Mitarbeiter/-innen ist nach den Vorgaben des Corporate Designs in der Schriftart Calibri und in Schriftgröße 10 vorzubereiten. Als Platzhalter sind Steuerelemente eingegeben. Im Entwurfsmodus lässt sich der Vorgabetext („Klicken Sie hier, um Text einzugeben.“) in den gewünschten Text ändern. Bei den Word-Optionen unter *Erweitert* kann man bei den Druckoptionen die Tags unter *XML-Tags drucken* im Ausdruck aktivieren.

In der Praxis speichert man dieses Dokument als Dokumentvorlage ab. Die Dokumentvorlagen werden im System als Templates abgespeichert. Die Dokumentvorlagen sind allgemein gültig und werden üblicherweise durch Systemadministratoren gepflegt. Der Standardanwender besitzt diese Rechte in der Regel nicht.

## Inhaltliches

Nicht immer verläuft die Zusammenarbeit mit den Mitarbeiter(inne)n reibungslos.

Sehen Sie sich zu diesem Sachverhalt einen weiteren Textauszug an. Er enthält einige gelb markierte Satzteile.

### Negativbeispiel

Aufforderung

Sehr geehrter ...

hiermit teilen wir Ihnen mit, dass seit einiger Zeit in unserem Hause der Krankenstand im erheblichen Maße zunimmt. Dies haben wir bei jedem Mitarbeiter überprüft. Dabei ist uns aufgefallen, dass Sie häufig montags ohne Krankmeldung fehlen. Das werden wir nicht weiter akzeptieren und bestehen ab sofort darauf, dass Sie jeden Fehltag mit einer Arbeitsunfähigkeitsbescheinigung belegen. Sollten Sie dieser Aufforderung nicht nachkommen, sehen wir uns gezwungen, arbeitsrechtliche Konsequenzen ableiten.

Einen solchen Brief möchten Sie als Mitarbeiter/-in gleich vernichten. Sicherlich liegt ein unangenehmer Sachverhalt vor. Aber vielleicht gibt es Gründe, weshalb sich Mitarbeiter/-innen so verhalten. Gerade dann sind klare Anordnungen sinnvoll. Mit Floskeln wie „hiermit teilen wir Ihnen mit“ oder „wir sehen uns gezwungen“ werden Sachverhalte dadurch, dass sie im Nebensatz beschrieben werden, aufgeweicht. Es „zwingt“ auch kein/-e Mitarbeiter/-in seinen/ihren Vorgesetzten zu irgendwelchen Handlungen.

Im Betreff ist wichtig, den tatsächlichen Grund des Schreibens zu nennen und nicht die Konsequenz vorwegzunehmen; also: „Ihre Krankmeldung“ und nicht: „Aufforderungsschreiben“ o. Ä.

# Prüfung: Lager

## Teil A: Grundsteinlegung – Ausgangssituation und Aufgaben

### Hier geht's los!

Wie auch bei der Abschlussprüfung der IHK, Teil 1 (Informationstechnisches Büromanagement), ist auf die Einhaltung der amtlichen Rechtschreibung, des Ausdrucks, der Zeichensetzung und der DIN 5008 zu achten. Eine Formulierung in vollständigen Sätzen wird vorausgesetzt.

Prüvo GmbH
Büromöbel

Lambert Lapis ist Mitarbeiter im Lager der Prüvo GmbH, Münchener Straße 7 – 11, 52062 Aachen. Telefonisch ist er unter der Durchwahl 789 zu erreichen.

Sie benötigen aus dem Ordner „Steinzeug/Lager" zur Bearbeitung folgende Dateien:

**a)** Word-Dateien
- „Planung-Betriebsausflug"
- Vordruck aus der ersten Aufgabe „Bericht-Vordruck"

**b)** Excel-Datei „Prüvo-Lager"



3

### Corporate Identity

- Alle E-Mail-Adressen werden nach folgendem Schema aufgebaut: nachname-lager@pruevo-gmbh.de
- Speichern Sie Ihre Ergebnisse ab unter Bezeichnung der jeweiligen Aufgaben und Ihrem Nachnamen, z. B. „AufgabeX-Nachname".
- Die Namenszeichen der Mitarbeiter/-innen setzen sich aus dem Kürzel für die Abteilung und den Initialen des/-r betreffenden Mitarbeiters/Mitarbeiterin zusammen, z. B. lg-ll.

Web

### Corporate Design

- Alle in- und externen Schriftstücke sind nach dem Corporate Design unter Berücksichtigung der DIN 5008 zu erstellen.
- Der Firmenschriftzug ist in WordArt, Schriftgröße 18 und linksbündig in der Kopfzeile darzustellen.
- Das Firmenlogo ist rechts in der Kopfzeile mit einer maximalen Breite von 4 cm anzubringen.
- In der Fußzeile werden die in der Prüvo GmbH üblichen Geschäftsangaben aufgenommen.
- Die Schriftart für Texte ist Arial und die Schriftgröße 11.
- Die Silbentrennung ist generell zu nutzen.
- Überschriften sind in Schriftgröße 14, in Fettschrift, zentriert und mit einer Umrahmung darzustellen.
- Aufzählungen enthalten einen Haken und Nummerierungen Kleinbuchstaben.

Web

### Sonstiges

- Speichern Sie – wie auch in der Prüfung – alle fünf Minuten ab.
- Für Ihre rechnerische und grafische Auswertung stehen Ihnen die Daten aus der Datensammlung „Steinzeug/Lager" zur Verfügung.
- Alle Dateien erhalten rechtsbündig Ihren Namen.
- Alle Excel-Formeln sind kopierfähig; evtl. absolut und relativ adressiert.
- Alle Formeln sind arbeitsökonomisch und hinsichtlich eines Tabellenkalkulationsprogrammes rationell und für Korrektoren nachvollziehbar zu erstellen.

STOLPER STEIN

## Gesamtsituation

Ganz hektisch geht es zu. Die Versicherung „Regal & Lager" hat den Versicherungsschutz zu den bisherigen Konditionen gekündigt. Die Wirtschaftlichkeit des Lagers soll verbessert werden.
Im Sitzungszimmer der Prüvo GmbH hat am 11.01.20xx im Raum 0.01 von 07:00 bis 07:20 Uhr zwischen der Geschäftsleitung und der Abteilung Lager eine Besprechung stattgefunden (s. Seite 72).

Web

### Mittendrin: Aufgaben

Web

**1** Erstellen Sie nach dem vorliegenden Protokoll „Planung des Betriebsausfluges" (Seite 73) ein Formular für ein Protokoll.

**2 Anfertigen des Protokolls**

Fertigen Sie über die Besprechung ein Ergebnisprotokoll an.

**3 Auswertung der Lagerdaten**

Bearbeitet wird folgendes Tabellenblatt: „Bürostuhl"

Ermitteln Sie im Tabellenblatt „Bürostuhl" in den Spalten G–K funktionsgesteuert (s. Seite 74)

- den durchschnittlichen Lagerbestand,
- die Lagerumschlagshäufigkeit,
- die Lagerdauer,
- den Lagerzinssatz bei einem Marktzinssatz von 3 % und
- die Lagerzinsen.

**4 Erstellen des Diagramms**

**4.1** Sortieren Sie die Tabelle nach dem Wareneinsatz in Stück der Größe nach aufsteigend.

**4.2** Fügen Sie im Tabellenblatt „Bürostuhl" unterhalb der Tabelle ein 3-D-Balkendiagramm ein, welches die Wareneinsätze 2015 der Bürostühle verdeutlicht. Gestalten Sie das Diagramm gemäß Diagramm „Muster A" (s. Seite 75). Auf der vertikalen Kategorie-Achse sollen nur die Artikelnummern stehen.

**5 Auswertung des Umsatzes der Artikelgruppe „Bürostühle"**

Bearbeitet werden folgende Tabellenblätter:

- „Lagerkarte Vorlage"
- „WE Liste Bürostühle"

**5.1** Kopieren Sie das Tabellenblatt „Lagerkarte Vorlage" und benennen Sie es in „B2001" um.

**5.2** Filtern Sie im Tabellenblatt „WE Liste Bürostühle" aus der gesamten Wareneingangsliste nur die Bewegungen des Artikels B2001 heraus.

**5.3** Übertragen Sie die Bewegungen auf die passende Position im Tabellenblatt „B2001".

**5.4** Ermitteln Sie formelgesteuert in Zelle D5, D17, D3 und C3

- den Anfangsbestand des jeweiligen Artikels,
- die Summe aller Zugänge des jeweiligen Artikels und
- die Summe aller Abgänge des jeweiligen Artikels.

**5.5** Berechnen Sie den jeweiligen aktuellen Warenbestand des Artikels.

**6 Monatsauswertung**

Bearbeitet werden folgende Tabellenblätter:

- „ME"
- „Bürostuhl"
- „B2001"

**6.1** Kopieren Sie nur die Werte der Monatsendbestände des Artikels B2001 in das Tabellenblatt „ME".

**6.2** Ermitteln Sie funktionsgesteuert den Anfangsbestand des Artikels in der Zelle B3 aus dem Tabellenblatt „Bürostuhl".

**6.3** Berechnen Sie den durchschnittlichen Lagerbestand des Artikels für das Jahr 2015, indem Sie alle Monatsendbestände aus dem Tabellenblatt „B2001" berücksichtigen. Zur Vereinfachung gibt es für jeden Monat nur eine Lagerbewegung.

**7 Erstellen eines Berichtes zur Artikelgruppe „Bürostühle"**

Öffnen Sie die Datei „Bericht-Vordruck" (s. Seite 78).

**7.1** Erstellen Sie einen Bericht zu den errechneten Lagerkennzahlen.

Beschreiben Sie für die errechneten Artikel den höchsten und niedrigsten Wert in Bezug auf Wareneinsatz und Lagerdauer. Beziehen Sie sich für den Artikel B2001 auf den Unterschied des durchschnittlichen Lagerbestandes mit Anfangs- und Endbestand sowie die Monatsendbestände. Ihre Ausführungen sollten etwa 200 Wörter umfassen.

**7.2** Fügen Sie die vorhandene Tabelle im Tabellenblatt „Bürostuhl" so in das Word-Dokument ein, dass eine Verknüpfung zur Quelldatei besteht.

**7.3** Nennen Sie den/die Artikel, den/die Sie aufgrund der Lagerkennzahlen überprüfen müssen.

**Ende der Prüfung**

## Steinzeug: Materialien

Web

### Besprechung vom 11.01.20xx

| | |
|---|---|
| **Robin:** | „Ich begrüße Sie herzlich und eröffne die heutige Sitzung. Nun ist die Weihnachtszeit vorbei und nahezu alle Mitarbeiter sind aus ihrem Urlaub zurückgekehrt. Ich freue mich, dass Sie trotz meiner relativ kurzfristigen Einladung zu dieser Sitzung kommen konnten. Herr Leberkies, wie hat Ihnen denn der Urlaub in Österreich gefallen?“ |
| **Grünspan:** | „Auch ich begrüße alle recht herzlich. Aber der Termindruck! Könnten wir gleich zur Tagesordnung übergehen? Ich habe es sehr eilig.“ |
| **Leberkies:** | „Selbstverständlich, Herr Grünspan. Es liegt uns von unserer Versicherungsgesellschaft ‚Regal & Lager‘ ein Kündigungsschreiben vor. Wir haben zur Berechnung der Versicherungssumme bei der letzten Umsatzmeldung lediglich zwei Werte berücksichtigt. Das erscheint der Versicherung zu ungenau. Sie benötigt ab sofort für jeden Lagervorgang den genauen Wert der Ware.“ |
| **Grünspan:** | „Dann werden wir wohl sofort genauere Lagerkennzahlen benötigen.“ |
| **Robin:** | „Herr Leberkies, ist es möglich, dass Sie uns das sehr kurzfristig zusammenstellen?“ |
| **Grünspan:** | „Es ist ohnehin dringend notwendig, dass wir die Wirtschaftlichkeit unseres Lagers auf den Prüfstand stellen. Ich habe die Vermutung, dass wir bei der Vielzahl der Artikel so einige Ladenhüter besitzen.“ |
| **Leberkies:** | „Das ist sicher möglich, für alle Waren die üblichen Kennzahlen zu erstellen. Aber noch ist nicht alles digitalisiert, und um alles zu erfassen, werden wir eine Zeit lang benötigen. Ich schlage vor, dass wir zunächst mit einer Warengruppe starten.“ |
| **Robin:** | „Einverstanden. Dann ist es am besten, wenn wir mit der Warengruppe ‚Bürostühle‘ starten. Was meinen Sie, Herr Leberkies?“ |
| **Leberkies:** | „Gut, dann werde ich Herrn Lapis informieren, damit er gleich starten kann.“ |
| **Robin:** | „So, dann haben wir diesen Punkt geklärt. Ich möchte noch auf den zweiten Punkt unseres heutigen Meetings zu sprechen kommen, und zwar die Lagereinrichtung.“ |
| **Grünspan:** | „Beim Blick auf die Uhr sehe ich, wie mir die Zeit davonrennt. Frau Robin, könnten wir das Thema nicht auf die nächste Sitzung vertagen?“ |
| **Robin:** | „Aus Zeitmangel werden wir das Thema ‚Lagereinrichtung‘ auf die nächste Sitzung vertagen. Herr Leberkies, ich erwarte von Ihnen eine Aufstellung der ermittelten Kennzahlen in Form eines Berichts. Prüfen Sie bitte ebenfalls, ob Artikel aus dem Sortiment genommen werden können. Wie lange werden Sie benötigen?“ |
| **Leberkies:** | „In zwei Tagen werde ich den Bericht fertig haben.“ |
| **Robin:** | „Dann ist das nächste Meeting am 13.01. zur selben Zeit am selben Ort. Vielen Dank für Ihr Erscheinen.“ |

## Muster Protokoll „Betriebsausflug“

Web

**Prüvo GmbH**

Prüvo GmbH Büromöbel

### Protokoll

| | |
|---|---|
| Datum | 25.09.20xx |
| Thema | Planung des Betriebsausfluges |
| Beginn | 15:00 Uhr |
| Ende | 15:30 Uhr |
| Anwesend | Vasco Venturin, Rita Rothstein, Elvira Erz |
| Protokoll erstellt<br>am<br>von | <br>28.09.20xx<br>Rita Rothstein |
| Tagesordnung | 1. Ablauf des Betriebsausfluges<br>2. Aufgabenverteilung<br>3. Verschiedenes |
| TOP 1 | Herr Venturin begrüßt alle Anwesenden.<br><br>Der Termin für den Betriebsausflug wird auf den 20.03.20xx festgelegt.<br><br>Herr Venturin berichtet über den Ablauf des Betriebsausfluges. Es ist ein Ausflug über Königswinter nach Rolandseck geplant. Während der Fahrt wird Herr Neubertheim die Kulturlandschaft Rheintal hoffentlich mit kurzweiligen Erklärungen untermalen. Am Bahnhof Rolandseck werden wir das arp museum besuchen und uns dort dıe Ausstellung ansehen. Soweit sind die bisherigen Planungen gereift. |
| TOP 2 | Frau Erz berichtet, welche Aufgaben noch zu erledigen seien. Die Führung im arp museum ist noch zu planen. Frau Rothstein möchte wissen, ob es vielleicht auch eine Sonderausstellung gebe.<br><br>Frau Erz erwähnt, dass noch die genaue Zeitplanung festgelegt werden müsse.<br><br>Herr Venturin merkt an, dass die Abendveranstaltung noch geplant und ggf. gebucht werden müsse. Zunächst müssen Lokalitäten, die infrage kommen können, recherchiert werden.<br><br>Frau Rothstein bietet sich an, die Aufgaben zu erledigen und in der nächsten Sitzung die Informationen bereitzuhalten. |
| TOP 3 | Zu diesem Tagesordnungspunkt gibt es keine Wortmeldung. |
| Nächster Termin | Der nächste Termin wird auf den 02.10.20xx festgelegt. |

Seite 1 von 1

| | | | | |
|---|---|---|---|---|
| Prüvo GmbH<br>Münchener Straße 7 – 11<br>52062 Aachen<br>Steuer-Nr.: 32/342/43768<br>USt-IdNr.: DE865945748 | Geschäftsführerin:<br>Dr. Stefanie Steiner<br><br>HRB 8894<br>Amtsgericht Aachen | Telefon:<br>Fax:<br><br>Internet:<br>E-Mail: | 0241 5869-0<br>0241 5869-444<br><br>www.pruevo-gmbh.de<br>info@pruevo-gmbh.de | Bankverbindung:<br>Sparkasse Aachen<br><br>BIC AACSDE33XXX<br>IBAN DE08 3905 0000 0152 3567 88 |

Web

## Tabellenblatt „Bürostuhl"

| | A | B | C | D | E | F | G | H | I | J | K |
|---|---|---|---|---|---|---|---|---|---|---|---|
| 1 | Artikel-nummer | Bezeichnung | EK | AB | EB | WE in Stck. | Durchschnittlicher Lagerbestand | Lagerumschlags-häufigkeit | Lagerdauer | Lagerzinssatz (3 % Marktzinssatz) | Lagerzinsen |
| 2 | B2012 | Bürostuhl Labrador, weiß | 261,58 | 145 | 23 | 183 | | | | | |
| 3 | B2010 | Bürostuhl Labrador, weiß | 245,66 | 554 | 123 | 299 | | | | | |
| 4 | B2024 | Bürostuhl Ivorit, grau | 266,81 | 42 | 21 | 434 | | | | | |
| 5 | B2011 | Bürostuhl Labrador, weiß | 253,08 | 215 | 215 | 523 | | | | | |
| 6 | B2027 | Bürostuhl Ivorit, schwarz | 265,86 | 55 | 498 | 650 | | | | | |
| 7 | B2009 | Bürostuhl Siderit, schwarz | 258,94 | 84 | 45 | 681 | | | | | |
| 8 | B2020 | Bürostuhl Ivorit, weiß | 256,57 | 233 | 48 | 770 | | | | | |
| 9 | B2022 | Bürostuhl Ivorit, grau | 250,51 | 247 | 247 | 844 | | | | | |
| 10 | B2005 | Bürostuhl Siderit, grau | 251,15 | 23 | 271 | 892 | | | | | |
| 11 | B2025 | Bürostuhl Ivorit, schwarz | 249,39 | 65 | 102 | 999 | | | | | |
| 12 | B2006 | Bürostuhl Siderit, grau | 259,00 | 48 | 55 | 1.011 | | | | | |
| 13 | B2021 | Bürostuhl Ivorit, weiß | 264,99 | 123 | 233 | 1.015 | | | | | |
| 14 | B2019 | Bürostuhl Ivorit, weiß | 248,65 | 280 | 220 | 1.048 | | | | | |
| 15 | B2023 | Bürostuhl Ivorit, grau | 258,30 | 21 | 84 | 1.057 | | | | | |
| 16 | B2007 | Bürostuhl Siderit, schwarz | 242,40 | 421 | 98 | 1.518 | | | | | |
| 17 | B2002 | Bürostuhl Siderit, weiß | 249,07 | 265 | 145 | 1.519 | | | | | |
| 18 | B2008 | Bürostuhl Siderit, schwarz | 250,76 | 98 | 83 | 1.628 | | | | | |
| 19 | B2026 | Bürostuhl Ivorit, schwarz | 257,11 | 498 | 219 | 2.310 | | | | | |
| 20 | B2015 | Bürostuhl Labrador, grau | 263,97 | 304 | 42 | 2.398 | | | | | |
| 21 | B2017 | Bürostuhl Labrador, schwarz | 254,79 | 45 | 335 | 3.393 | | | | | |
| 22 | B2016 | Bürostuhl Labrador, schwarz | 246,19 | 83 | 421 | 3.789 | | | | | |
| 23 | B2014 | Bürostuhl Labrador, grau | 255,39 | 219 | 451 | 4.363 | | | | | |
| 24 | B2001 | Bürostuhl Siderit, weiß | 241,43 | 451 | 65 | 4.393 | | | | | |
| 25 | B2013 | Bürostuhl Labrador, grau | 247,21 | 271 | 265 | 4.463 | | | | | |
| 26 | B2018 | Bürostuhl Labrador, schwarz | 262,91 | 102 | 554 | 5.230 | | | | | |
| 27 | B2004 | Bürostuhl Siderit, grau | 243,64 | 220 | 304 | 5.471 | | | | | |
| 28 | B2003 | Bürostuhl Siderit, weiß | 257,09 | 335 | 280 | 5.598 | | | | | |

## Diagramm „Muster A“

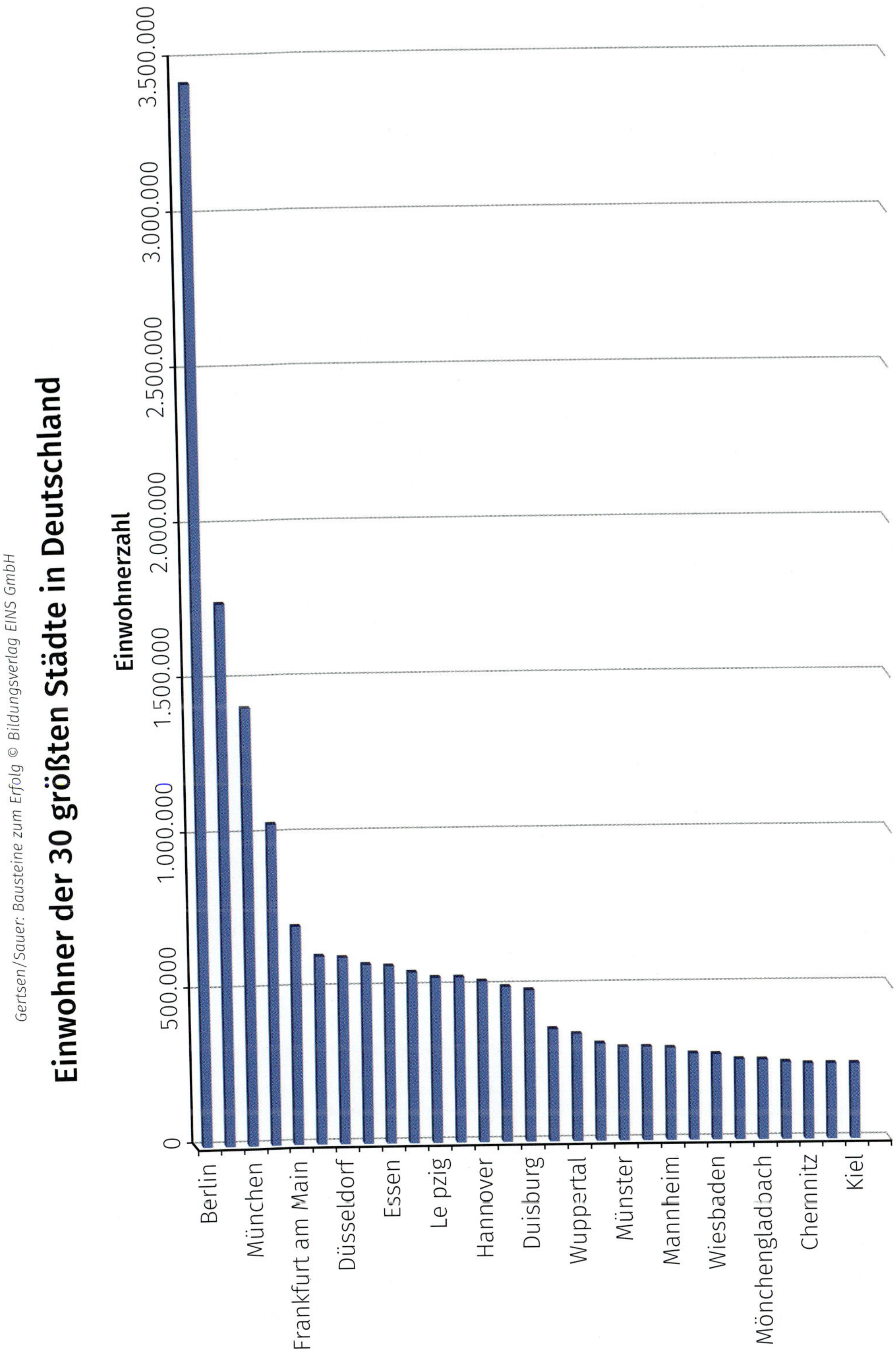


Web

3

## Tabellenblatt „WE Liste Bürostühle“

Web

| | A | B | C | D |
|---|---|---|---|---|
| 1 | Lieferdatum | Artikelnummer | Zugang | Abgang |
| 2 | 09.01.2015 | B2012 | 183 | |
| 3 | 10.01.2015 | B2010 | 299 | |
| 4 | 11.01.2015 | B2015 | | 290 |
| 5 | 11.01.2015 | B2007 | | 361 |
| 6 | 12.01.2015 | B2024 | 313 | |
| 7 | 12.01.2015 | B2001 | 1.021 | 551 |
| 8 | 12.01.2015 | B2016 | 244 | |
| 9 | 13.01.2015 | B2011 | 253 | |
| 10 | 13.01.2015 | B2003 | 2.500 | |
| 11 | 14.01.2015 | B2017 | 848 | |
| 12 | 16.01.2015 | B2016 | 3.452 | 700 |
| 13 | 16.01.2015 | B2026 | | |
| 14 | 16.01.2015 | B2014 | | 523 |
| 15 | 17.01.2015 | B2018 | 2.230 | |
| 16 | 17.01.2015 | B2018 | | 1.051 |
| 17 | 18.01.2015 | B2009 | 48 | |
| 18 | 19.01.2015 | B2019 | 690 | |
| 19 | 20.01.2015 | B2002 | | 249 |
| 20 | 20.01.2015 | B2021 | 973 | |
| 21 | 20.01.2015 | B2020 | 745 | |
| 22 | 21.01.2015 | B2015 | 2.029 | |
| 23 | 22.01.2015 | B2022 | 98 | |
| 24 | 23.01.2015 | B2005 | 84 | |
| 25 | 24.01.2015 | B2003 | | 2.823 |
| 26 | 24.01.2015 | B2013 | | 100 |
| 27 | 24.01.2015 | B2025 | 554 | |
| 28 | 25.01.2015 | B2006 | 215 | |
| 29 | 26.01.2015 | B2017 | | 550 |
| 30 | 27.01.2015 | B2023 | | 311 |
| 31 | 28.01.2015 | B2016 | | 2.351 |
| 32 | 12.02.2015 | B2005 | 587 | |
| 33 | 12.02.2015 | B2009 | 131 | |
| 34 | 13.02.2015 | B2020 | | 455 |
| 35 | 13.02.2015 | B2008 | 45 | |
| 36 | 15.02.2015 | B2026 | 102 | |
| 37 | 18.02.2015 | B2015 | 280 | |
| 38 | 21.02.2015 | B2007 | 1.289 | 10 |
| 39 | 24.02.2015 | B2018 | | 246 |
| 40 | 27.02.2015 | B2001 | | 311 |
| 41 | 02.03.2015 | B2026 | | 500 |
| 42 | 03.03.2015 | B2026 | 1.723 | |
| 43 | 05.03.2015 | B2027 | 650 | |
| 44 | 08.03.2015 | B2027 | | |
| 45 | 11.03.2015 | B2024 | 121 | 455 |
| 46 | 14.03.2015 | B2025 | 445 | |
| 47 | 21.03.2015 | B2001 | | 245 |
| 48 | 26.03.2015 | B2024 | | 251 |
| 49 | 04.04.2015 | B2013 | 2.440 | |
| 50 | 05.04.2015 | B2023 | 594 | |
| 51 | 05.04.2015 | B2023 | | 450 |
| 52 | 05.04.2015 | B2011 | | 323 |
| 53 | 06.04.2015 | B2010 | | 330 |
| 54 | 19.04.2015 | B2003 | 55 | |
| 55 | 22.04.2015 | B2018 | 2.046 | |
| 56 | 23.04.2015 | B2019 | | 1.108 |
| 57 | 24.04.2015 | B2015 | | 370 |
| 58 | 26.04.2015 | B2001 | | 251 |
| 59 | 22.05.2015 | B2001 | 2.046 | |
| 60 | 30.05.2015 | B2027 | | 207 |
| 61 | 30.05.2015 | B2002 | 1.519 | |
| 62 | 30.05.2015 | B2017 | | 53 |
| 63 | 30.05.2015 | B2019 | 293 | |
| 64 | 31.05.2015 | B2023 | 463 | |
| 65 | 01.06.2015 | B2007 | 208 | |
| 66 | 02.06.2015 | B2018 | | 814 |
| 67 | 25.06.2015 | B2001 | | 1.029 |

WE Liste Bürostühle

## Tabellenblatt „Lagerkarte"

Web

| | A | B | C | D |
|---|---|---|---|---|
| 1 | Artikel | | B2001 | |
| 2 | | | | |
| 3 | Summe | | | |
| 4 | Lieferdatum | Zugang | Abgang | Bestand |
| 5 | 01.01.2015 | | | |
| 6 | | | | |
| 7 | | | | |
| 8 | | | | |
| 9 | | | | |
| 10 | | | | |
| 11 | | | | |
| 12 | | | | |
| 13 | | | | |
| 14 | | | | |
| 15 | | | | |
| 16 | | | | |
| 17 | | | | |



3

## Tabellenblatt „ME"

Web

| | A | B |
|---|---|---|
| 1 | **Monatsendbestände 2015** | |
| 2 | **Artikel** | |
| 3 | AB | |
| 4 | Januar | |
| 5 | Februar | |
| 6 | März | |
| 7 | April | |
| 8 | Mai | |
| 9 | Juni | |
| 10 | Juli | |
| 11 | August | |
| 12 | September | |
| 13 | Oktober | |
| 14 | November | |
| 15 | Dezember | |
| 16 | | |
| 17 | Durchschnittlicher LB | |

Web

## Bericht-Vordruck

Prüvo GmbH

Prüvo GmbH Büromöbel

| Bericht | |
|---|---|
| Datum | Klicken Sie hier, um ein Datum einzugeben. |
| Thema | Klicken Sie hier, um das Thema einzugeben. |
| Bericht erstellt von | Klicken Sie hier, um Ihren Namen einzugeben. |

Seite 1 von 2

| | | | |
|---|---|---|---|
| Prüvo GmbH<br>Münchener Straße 7 – 11<br>52062 Aachen<br>Steuer-Nr.: 32/342/43768<br>USt-IdNr.: DE865945748 | Geschäftsführerin:<br>Dr. Stefanie Steiner<br><br>HRB 8894<br>Amtsgericht Aachen | Telefon: 0241 5869-0<br>Fax: 0241 5869-444<br><br>Internet: www.pruevo-gmbh.de<br>E-Mail: info@pruevo-gmbh.de | Bankverbindung:<br>Sparkasse Aachen<br><br>BIC AACSDE33XXX<br>IBAN DE08 3905 0000 0152 3567 88 |

Prüvo GmbH

Prüvo GmbH Büromöbel

Klicken Sie hier, um Ihren Bericht einzugeben.

Seite 2 von 2

| | | | |
|---|---|---|---|
| Prüvo GmbH<br>Münchener Straße 7 – 11<br>52062 Aachen<br>Steuer-Nr.: 32/342/43768<br>USt-IdNr.: DE865945748 | Geschäftsführerin:<br>Dr. Stefanie Steiner<br><br>HRB 8894<br>Amtsgericht Aachen | Telefon: 0241 5869-0<br>Fax: 0241 5869-444<br><br>Internet: www.pruevo-gmbh.de<br>E-Mail: info@pruevo-gmbh.de | Bankverbindung:<br>Sparkasse Aachen<br><br>BIC AACSDE33XXX<br>IBAN DE08 3905 0000 0152 3567 88 |

# Teil B: In Stein gemeißelt – Lösungshinweise

## Aufgabe 1 Lösung Formular zum Protokoll

Web

Prüvo GmbH

Prüvo GmbH Büromöbel

**Protokoll**

| | |
|---|---|
| Datum | Klicken Sie hier, um ein Datum einzugeben. |
| Thema | Klicken Sie hier, um Text einzugeben. |
| Beginn | Klicken Sie hier, um Text einzugeben. Uhr |
| Ende | Klicken Sie hier, um Text einzugeben. Uhr |
| Anwesend | Klicken Sie hier, um Text einzugeben. |
| Protokoll erstellt<br>am<br>von | <br>Klicken Sie hier, um ein Datum einzugeben.<br>Wählen Sie ein Element aus. |
| Tagesordnung | 1. Klicken Sie hier, um Text einzugeben.<br>2. Klicken Sie hier, um Text einzugeben.<br>3. Klicken Sie hier, um Text einzugeben. |
| TOP 1 | Klicken Sie hier, um Text einzugeben. |
| TOP 2 | Klicken Sie hier, um Text einzugeben. |
| TOP 3 | Klicken Sie hier, um Text einzugeben. |
| Nächster Termin | Der nächste Termin wird auf den Klicken Sie hier, um ein Datum einzugeben. festgelegt. |

Seite 1 von 1

| | | | | |
|---|---|---|---|---|
| Prüvo GmbH<br>Münchener Straße 7 – 11<br>52062 Aachen<br>Steuer-Nr.: 32/342/43768<br>USt-IdNr.: DE865945748 | Geschäftsführerin:<br>Dr. Stefanie Steiner<br><br>HRB 8894<br>Amtsgericht Aachen | Telefon:<br>Fax:<br><br>Internet:<br>E-Mail: | 0241 5869-0<br>0241 5869-444<br><br>www.pruevo-gmbh.de<br>info@pruevo-gmbh.de | Bankverbindung:<br>Sparkasse Aachen<br><br>BIC AACSDE33XXX<br>IBAN DE08 3905 0000 0152 3567 88 |



3

## Aufgabe 2 Lösung zum Protokoll

Web

**Prüvo GmbH**

Prüvo GmbH Büromöbel

**Protokoll**

| | |
|---|---|
| Datum | 11.01.20xx |
| Thema | Überprüfung des Lagers |
| Beginn | 07:00 Uhr |
| Ende | 07:20 Uhr |
| Anwesend | Rosa Robin, Georg Grünspan, Ludger Leberkies |
| Protokoll erstellt<br><br>am<br>von | <br><br>11.01.20xx<br>Vorname Nachname |
| Tagesordnung | 1. Überprüfung des Lagers<br>2. Lagereinrichtung<br>3. Verschiedenes |
| TOP 1 | Wegen der Kündigung der Versicherung werden ab sofort für jeden Lagervorgang der genaue Warenwert und die Lagerkennzahlen benötigt. Die Wirtschaftlichkeit des Lagers wird überprüft; gestartet wird mit der Warengruppe „Bürostühle“. Die Geschäftsleitung wünscht den Bericht zu dieser Warengruppe und einen Vorschlag, ob und welche Artikel aus dem Sortiment genommen werden sollten, bis zum nächsten Meeting am 13.01. |
| TOP 2 | Das Thema „Lagereinrichtung“ wird vertagt. |
| TOP 3 | Zu diesem TOP gibt es keine Anmerkungen. |
| Nächster Termin | Der nächste Termin wird auf den 13.01.20xx festgelegt. |

Seite 1 von 1

| | | | | |
|---|---|---|---|---|
| Prüvo GmbH<br>Münchener Straße 7 – 11<br>52062 Aachen<br>Steuer-Nr.: 32/342/43768<br>USt-IdNr.: DE865945748 | Geschäftsführerin:<br>Dr. Stefanie Steiner<br><br>HRB 8894<br>Amtsgericht Aachen | Telefon:<br>Fax:<br><br>Internet:<br>E-Mail: | 0241 5869-0<br>0241 5869-444<br><br>www.pruevo-gmbh.de<br>info@pruevo-gmbh.de | Bankverbindung:<br>Sparkasse Aachen<br><br>BIC AACSDE33XXX<br>IBAN DE08 3905 0000 0152 3567 88 |

## Aufgaben 3 und 4

### Tabellenblatt „Bürostuhl Lösung"

| | A | B | C | D | E | F | G | H | I | J | K | L |
|---|---|---|---|---|---|---|---|---|---|---|---|---|
| 1 | Artikel-nummer | Bezeichnung | EK | AB | EB | WE in Stck. | Durchschnittlicher Lagerbestand | Lagerumschlags-häufigkeit | Lagerdauer | Lager-zinssatz (3 % Marktzinssatz) | Lager-zinsen | |
| 2 | B2012 | Bürostuhl Labrador, weiß | 261,58 | 145 | 23 | 183 | 84 | 2,18 | 165,25 | 1,37704918 | 302,57 | |
| 3 | B2010 | Bürostuhl Labrador, weiß | 245,66 | 554 | 123 | 299 | 338,5 | 0,88 | 407,56 | 3,39632107 | 2.824,26 | |
| 4 | B2024 | Bürostuhl Ivorit, grau | 266,81 | 42 | 21 | 434 | 31,5 | 13,78 | 26,13 | 0,217741935 | 18,30 | |
| 5 | B2011 | Bürostuhl Labrador, weiß | 253,08 | 215 | 215 | 523 | 215 | 2,43 | 147,99 | 1,233269598 | 671,06 | |
| 6 | B2027 | Bürostuhl Ivorit, schwarz | 265,86 | 55 | 498 | 650 | 276,5 | 2,35 | 153,14 | 1,276153846 | 938,10 | |
| 7 | B2009 | Bürostuhl Siderit, schwarz | 258,94 | 84 | 45 | 681 | 64,5 | 10,56 | 34,10 | 0,284140969 | 47,46 | |
| 8 | B2020 | Bürostuhl Ivorit, weiß | 256,57 | 233 | 48 | 770 | 140,5 | 5,48 | 65,69 | 0,547402597 | 197,33 | |
| 9 | B2022 | Bürostuhl Ivorit, grau | 250,51 | 247 | 247 | 844 | 247 | 3,42 | 105,36 | 0,877962085 | 543,25 | |
| 10 | B2005 | Bürostuhl Siderit, grau | 251,15 | 23 | 271 | 892 | 147 | 6,07 | 59,33 | 0,494394619 | 182,52 | |
| 11 | B2025 | Bürostuhl Ivorit, schwarz | 249,39 | 65 | 102 | 999 | 83,5 | 11,96 | 30,09 | 0,250750751 | 52,22 | |
| 12 | B2006 | Bürostuhl Siderit, grau | 259,00 | 48 | 55 | 1.011 | 51,5 | 19,63 | 18,34 | 0,152818991 | 20,38 | |
| 13 | B2021 | Bürostuhl Ivorit, weiß | 264,99 | 123 | 233 | 1.015 | 178 | 5,70 | 63,13 | 0,526108374 | 248,16 | |
| 14 | B2019 | Bürostuhl Ivorit, weiß | 248,65 | 280 | 220 | 1.048 | 250 | 4,19 | 85,88 | 0,715648855 | 444,86 | |
| 15 | B2023 | Bürostuhl Ivorit, grau | 258,30 | 21 | 84 | 1.057 | 52,5 | 20,13 | 17,88 | 0,149006623 | 20,21 | |
| 16 | B2007 | Bürostuhl Siderit, schwarz | 242,40 | 421 | 98 | 1.518 | 259,5 | 5,85 | 61,54 | 0,51284585 | 322,59 | |
| 17 | B2002 | Bürostuhl Siderit, weiß | 249,07 | 265 | 145 | 1.519 | 205 | 7,41 | 48,58 | 0,404871626 | 206,73 | |
| 18 | B2008 | Bürostuhl Siderit, schwarz | 250,76 | 98 | 83 | 1.628 | 90,5 | 17,99 | 20,01 | 0,166769042 | 37,85 | |
| 19 | B2026 | Bürostuhl Ivorit, schwarz | 257,11 | 498 | 219 | 2.310 | 358,5 | 6,44 | 55,87 | 0,465584416 | 429,15 | |
| 20 | B2015 | Bürostuhl Labrador, grau | 263,97 | 304 | 42 | 2.398 | 173 | 13,86 | 25,97 | 0,216430359 | 98,84 | |
| 21 | B2017 | Bürostuhl Labrador, schwarz | 254,79 | 45 | 335 | 3.393 | 190 | 17,86 | 20,16 | 0,167992927 | 81,33 | |
| 22 | B2016 | Bürostuhl Labrador, schwarz | 246,19 | 83 | 421 | 3.789 | 252 | 15,04 | 23,94 | 0,199524941 | 123,78 | |
| 23 | B2014 | Bürostuhl Labrador, grau | 255,39 | 219 | 451 | 4.363 | 335 | 13,02 | 27,64 | 0,230346092 | 197,07 | |
| 24 | B2001 | Bürostuhl Siderit, weiß | 241,43 | 451 | 65 | 4.393 | 258 | 17,03 | 21,14 | 0,176189392 | 109,74 | |
| 25 | B2013 | Bürostuhl Labrador, grau | 247,21 | 271 | 265 | 4.463 | 268 | 16,65 | 21,62 | 0,180147883 | 119,35 | |
| 26 | B2018 | Bürostuhl Labrador, schwarz | 262,91 | 102 | 554 | 5.230 | 328 | 15,95 | 22,58 | 0,188145315 | 162,25 | |
| 27 | B2004 | Bürostuhl Siderit, grau | 243,64 | 220 | 304 | 5.471 | 262 | 20,88 | 17,24 | 0,143666606 | 91,71 | |
| 28 | B2003 | Bürostuhl Siderit, weiß | 257,09 | 335 | 280 | 5.598 | 307,5 | 18,20 | 19,77 | 0,164790997 | 130,28 | |

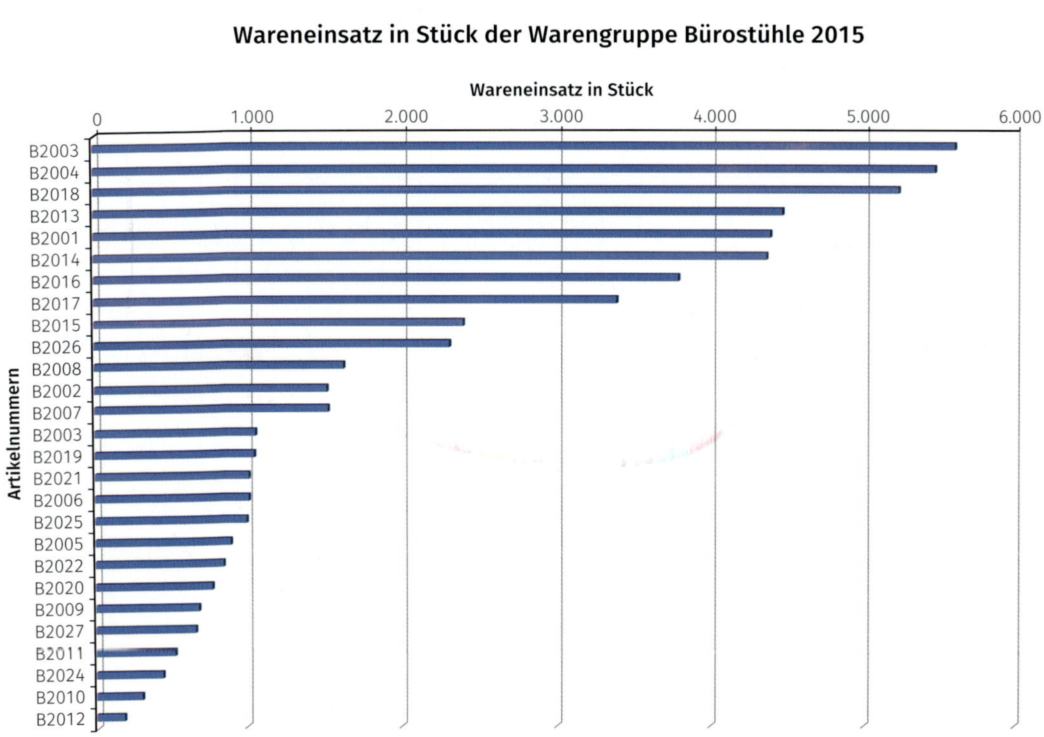

## Tabellenblatt „Bürostuhl Formeln“

| | A | B | C | D | E | F | G | H | I | J | K |
|---|---|---|---|---|---|---|---|---|---|---|---|
| 1 | Artikel-nummer | Bezeichnung | EK | AB | EB | WE in Stck. | Durchschnitt-licher Lagerbestand | Lagerum-schlagshäu-figkeit | Lager-dauer | Lager-zinssatz (3 % Marktzinssatz) | Lager-zinsen |
| 2 | B2012 | Bürostuhl Labrador, weiß | 261,576635023083 | 145 | 23 | 183 | =(D2+E2)/2 | =F2/G2 | =360/H2 | =3*I2/360 | =G2*J2*C2/100 |
| 3 | B2010 | Bürostuhl Labrador, weiß | 245,661177541816 | 554 | 123 | 299 | =(D3+E3)/2 | =F3/G3 | =360/H3 | =3*I3/360 | =G3*J3*C3/100 |
| 4 | B2024 | Bürostuhl Ivorit, grau | 266,807863530081 | 42 | 21 | 434 | =(D4+E4)/2 | =F4/G4 | =360/H4 | =3*I4/360 | =G4*J4*C4/100 |
| 5 | B2011 | Bürostuhl Labrador, weiß | 253,083450921458 | 215 | 215 | 523 | =(D5+E5)/2 | =F5/G5 | =360/H5 | =3*I5/360 | =G5*J5*C5/100 |
| 6 | B2027 | Bürostuhl Ivorit, schwarz | 265,859216208496 | 55 | 498 | 650 | =(D6+E6)/2 | =F6/G6 | =360/H6 | =3*I6/360 | =G6*J6*C6/100 |
| 7 | B2009 | Bürostuhl Siderit, schwarz | 258,939533918314 | 84 | 45 | 681 | =(D7+E7)/2 | =F7/G7 | =360/H7 | =3*I7/360 | =G7*J7*C7/100 |
| 8 | B2020 | Bürostuhl Ivorit, weiß | 256,567473369725 | 233 | 48 | 770 | =(D8+E8)/2 | =F8/G8 | =360/H8 | =3*I8/360 | =G8*J8*C8/100 |
| 9 | B2022 | Bürostuhl Ivorit, grau | 250,510141025429 | 247 | 247 | 844 | =(D9+E9)/2 | =F9/G9 | =360/H9 | =3*I9/360 | =G9*J9*C9/100 |
| 10 | B2005 | Bürostuhl Siderit, grau | 251,147602147507 | 23 | 271 | 892 | =(D10+E10)/2 | =F10/G10 | =360/H10 | =3*I10/360 | =G10*J10*C10/100 |
| 11 | B2025 | Bürostuhl Ivorit, schwarz | 249,387801055673 | 65 | 102 | 999 | =(D11+E11)/2 | =F11/G11 | =360/H11 | =3*I11/360 | =G11*J11*C11/100 |
| 12 | B2006 | Bürostuhl Siderit, grau | 259,000913398706 | 48 | 55 | 1.011 | =(D12+E12)/2 | =F12/G12 | =360/H12 | =3*I12/360 | =G12*J12*C12/100 |
| 13 | B2021 | Bürostuhl Ivorit, weiß | 264,991297622366 | 123 | 233 | 1.015 | =(D13+E13)/2 | =F13/G13 | =360/H13 | =3*I13/360 | =G13*J13*C13/100 |
| 14 | B2019 | Bürostuhl Ivorit, weiß | 248,648455084955 | 280 | 220 | 1.048 | =(D14+E14)/2 | =F14/G14 | =360/H14 | =3*I14/360 | =G14*J14*C14/100 |
| 15 | B2023 | Bürostuhl Ivorit, grau | 258,298123000367 | 21 | 84 | 1.057 | =(D15+E15)/2 | =F15/G15 | =360/H15 | =3*I15/360 | =G15*J15*C15/100 |
| 16 | B2007 | Bürostuhl Siderit, schwarz | 242,399752460815 | 421 | 98 | 1.518 | =(D16+E16)/2 | =F16/G16 | =360/H16 | =3*I16/360 | =G16*J16*C16/100 |
| 17 | B2002 | Bürostuhl Siderit, weiß | 249,07401616033 | 265 | 145 | 1.519 | =(D17+E17)/2 | =F17/G17 | =360/H17 | =3*I17/360 | =G17*J17*C17/100 |
| 18 | B2008 | Bürostuhl Siderit, schwarz | 250,75589484288 | 98 | 83 | 1.628 | =(D18+E18)/2 | =F18/G18 | =360/H18 | =3*I18/360 | =G18*J18*C18/100 |
| 19 | B2026 | Bürostuhl Ivorit, schwarz | 257,109209287888 | 498 | 219 | 2.310 | =(D19+E19)/2 | =F19/G19 | =360/H19 | =3*I19/360 | =G19*J19*C19/100 |
| 20 | B2015 | Bürostuhl Labrador, grau | 263,97233494369 | 304 | 42 | 2.398 | =(D20+E20)/2 | =F20/G20 | =360/H20 | =3*I20/360 | =G20*J20*C20/100 |
| 21 | B2017 | Bürostuhl Labrador, schwarz | 254,791089998696 | 45 | 335 | 3.393 | =(D21+E21)/2 | =F21/G21 | =360/H21 | =3*I21/360 | =G21*J21*C21/100 |
| 22 | B2016 | Bürostuhl Labrador, schwarz | 246,186343977513 | 83 | 421 | 3.789 | =(D22+E22)/2 | =F22/G22 | =360/H22 | =3*I22/360 | =G22*J22*C22/100 |
| 23 | B2014 | Bürostuhl Labrador, grau | 255,387626869011 | 219 | 451 | 4.363 | =(D23+E23)/2 | =F23/G23 | =360/H23 | =3*I23/360 | =G23*J23*C23/100 |
| 24 | B2001 | Bürostuhl Siderit, weiß | 241,42656706364 | 451 | 65 | 4.393 | =(D24+E24)/2 | =F24/G24 | =360/H24 | =3*I24/360 | =G24*J24*C24/100 |
| 25 | B2013 | Bürostuhl Labrador, grau | 247,213971973503 | 271 | 265 | 4.463 | =(D25+E25)/2 | =F25/G25 | =360/H25 | =3*I25/360 | =G25*J25*C25/100 |
| 26 | B2018 | Bürostuhl Labrador, schwarz | 262,911605866493 | 102 | 554 | 5.230 | =(D26+E26)/2 | =F26/G26 | =360/H26 | =3*I26/360 | =G26*J26*C26/100 |
| 27 | B2004 | Bürostuhl Siderit, grau | 243,636036039523 | 220 | 304 | 5.471 | =(D27+E27)/2 | =F27/G27 | =360/H27 | =3*I27/360 | =G27*J27*C27/100 |
| 28 | B2003 | Bürostuhl Siderit, weiß | 257,091567187624 | 335 | 280 | 5.598 | =(D28+E28)/2 | =F28/G28 | =360/H28 | =3*I28/360 | =G28*J28*C28/100 |

## Aufgabe 5

### Tabellenblatt „B2001 Lösung“

Web

| | A | B | C | D |
|---|---|---|---|---|
| 1 | Artikel | | B2001 | |
| 2 | | | | |
| 3 | Summe | 4393 | 4779 | |
| 4 | Lieferdatum | Zugang | Abgang | Bestand |
| 5 | 01.01.2015 | | | 451 |
| 6 | 12.01.2015 | 1021 | 551 | 921 |
| 7 | 27.02.2015 | | 311 | 610 |
| 8 | 21.03.2015 | | 245 | 365 |
| 9 | 26.04.2015 | | 251 | 114 |
| 10 | 22.05.2015 | 2046 | | 2160 |
| 11 | 25.06.2015 | | 1029 | 1131 |
| 12 | 03.07.2015 | | 481 | 650 |
| 13 | 14.08.2015 | 1326 | | 1976 |
| 14 | 15.09.2015 | | 608 | 1368 |
| 15 | 13.10.2015 | | 703 | 665 |
| 16 | 10.11.2015 | | 220 | 445 |
| 17 | 08.12.2015 | | 380 | 65 |

### Tabellenblatt „B2001 Formel“

Web

| | A | B | C | D |
|---|---|---|---|---|
| 1 | Artikel | | **B2001** | |
| 2 | | | | |
| 3 | Summe | =SUMME(B6:B121) | =SUMME(C6:C108) | |
| 4 | Lieferdatum | Zugang | Abgang | Bestand |
| 5 | 42005 | | | =SVERWEIS(B1 ;Bürostuhl!A:K;4;0) |
| 6 | 42016 | 1021 | 551 | =D5+B6-C6 |
| 7 | 42062 | | 311 | =D6+B7-C7 |
| 8 | 42084 | | 245 | =D7+B8-C8 |
| 9 | 42120 | | 251 | =D8+B9-C9 |
| 10 | 42146 | 2046 | | =D9+B10-C10 |
| 11 | 42180 | | 1029 | =D10+B11-C11 |
| 12 | 42188 | | 481 | =D11+B12-C12 |
| 13 | 42230 | 1326 | | =D12+B13-C13 |
| 14 | 42262 | | 608 | =D13+B14-C14 |
| 15 | 42290 | | 703 | =D14+B15-C15 |
| 16 | 42318 | | 220 | =D15+B16-C16 |
| 17 | 42346 | | 380 | =D16+B17-C17 |

## Aufgabe 6

### Tabellenblatt „ME Lösung"

| | A | B |
|---|---|---|
| 1 | **Monatsendbestände 2015** | |
| 2 | **Artikel** | **B2001** |
| 3 | AB | 451 |
| 4 | Januar | 921 |
| 5 | Februar | 610 |
| 6 | März | 365 |
| 7 | April | 114 |
| 8 | Mai | 2.160 |
| 9 | Juni | 1.131 |
| 10 | Juli | 650 |
| 11 | August | 1.976 |
| 12 | September | 1.368 |
| 13 | Oktober | 665 |
| 14 | November | 445 |
| 15 | Dezember | 65 |
| 16 | | |
| 17 | **Durchschnittlicher LB** | **840,076923** |

### Tabellenblatt „ME Formel"

| | A | B |
|---|---|---|
| 1 | **Monatsendbestände 2015** | |
| 2 | **Artikel** | **B2001** |
| 3 | AB | 451 |
| 4 | Januar | 921 |
| 5 | Februar | 610 |
| 6 | März | 365 |
| 7 | April | 114 |
| 8 | Mai | 2160 |
| 9 | Juni | 1131 |
| 10 | Juli | 650 |
| 11 | August | 1976 |
| 12 | September | 1368 |
| 13 | Oktober | 665 |
| 14 | November | 445 |
| 15 | Dezember | 65 |
| 16 | | |
| 17 | **Durchschnittlicher LB** | **=SUMME(B3:B15)/13**<br>**alternativ auch**<br>**=MITTELWERT(B3:B15)** |

**Prüvo GmbH**

Prüvo GmbH Büromöbel

**Bericht**

| | |
|---|---|
| Datum | 13.01.20xx |
| Thema | Lagerentwicklung zur Warengruppe „Bürostühle" |
| Bericht erstellt von | Ludger Leberkies |

Seite 1 von 2

| | | | | |
|---|---|---|---|---|
| Prüvo GmbH<br>Münchener Straße 7 – 11<br>52062 Aachen<br>Steuer-Nr.: 32/342/43768<br>USt-IdNr.: DE865945748 | Geschäftsführerin:<br>Dr. Stefanie Steiner<br><br>HRB 8894<br>Amtsgericht Aachen | Telefon:<br>Fax:<br><br>Internet:<br>E-Mail: | 0241 5869-0<br>0241 5869-444<br><br>www.pruevo-gmbh.de<br>info@pruevo-gmbh.de | Bankverbindung:<br>Sparkasse Aachen<br><br>BIC AACSDE33XXX<br>IBAN DE08 3905 0000 0152 3567 88 |

## Aufgabe 7

### Lösung „Bericht“

**Prüvo GmbH**

Prüvo GmbH Büromöbel

Um möglichst schnell eine Bewertung des Lagers vornehmen zu können, sind in die Analyse lediglich der Jahresanfangsbestand und der Jahresendbestand eingeflossen.

Aus dem Wareneinsatz ergibt sich für die Hälfte der Artikel aus der Warengruppe „Bürostühle“ ein hoher Warenzugang (ca. 1.500 bis 5.600 Stück). Für die andere Hälfte der Artikel liegt der Wareneinsatz bei knapp 200 bis ca. 1.000 Stück.

Der Wareneinsatz ist beim Artikel „Bürostuhl Siderit, weiß“ (Artikel-Nr. B2003) am höchsten, und zwar mit 5.598 Stück, gefolgt vom Artikel „Bürostuhl Siderit, grau“ (Artikel-Nr. B2004) mit 5.471 Stück. Die Umschlagshäufigkeit ergibt sich aus der verkauften und gelagerten Stückzahl und ist bei den vorgenannten Artikeln mit 20,88 und 18,20 auch besonders hoch.

Des Weiteren weisen einige Bürostühle mit geringem Wareneinsatz auch eine hohe Lagerdauer aus. Bei dem Artikel Nr. 2012 fällt auf, dass die Lagerdauer mit 165 Tagen hoch ist.

Die hohen Lagerzinsen für den Artikel B2010 erklären sich durch den Abbau des hohen Lagerbestandes im laufenden Jahr. Dadurch sinkt die Umschlagshäufigkeit unter 1. Der Anfangsbestand von 554 Stück wurde auf 123 Stück reduziert und es wurden nur 299 in diesem Jahr nachgeliefert.

Weitere Kennzahlen sind der nachstehenden Aufstellung zu entnehmen:

| Artikel-nummer | Bezeichnung | EK | AB | EB | WE in Stck. | Durchschnittlicher Lagerbestand | Lagerumschlags-häufigkeit | Lager-dauer | Lagerzinssatz (3% Marktzinssatz) | Lager-zinsen |
|---|---|---|---|---|---|---|---|---|---|---|
| B2012 | Bürostuhl Labrador, weiß | 261,58 | 145 | 23 | 183 | 84 | 2,18 | 165,25 | 1,37704918 | 302,57 |
| B2010 | Bürostuhl Labrador, weiß | 245,66 | 554 | 123 | 299 | 338,5 | 0,88 | 407,56 | 3,39632107 | 2824,26 |
| B2024 | Bürostuhl Ivorit, grau | 266,81 | 42 | 21 | 434 | 31,5 | 13,78 | 26,13 | 0,217741935 | 18,30 |
| B2011 | Bürostuhl Labrador, weiß | 253,08 | 215 | 215 | 523 | 215 | 2,43 | 147,99 | 1,233269598 | 671,06 |
| B2027 | Bürostuhl Ivorit, schwarz | 265,86 | 55 | 498 | 650 | 276,5 | 2,35 | 153,14 | 1,276153846 | 938,10 |
| B2009 | Bürostuhl Siderit, schwarz | 258,94 | 84 | 45 | 681 | 64,5 | 10,56 | 34,10 | 0,284140969 | 47,46 |
| B2020 | Bürostuhl Ivorit, weiß | 256,57 | 233 | 48 | 770 | 140,5 | 5,48 | 65,69 | 0,547402597 | 197,33 |
| B2022 | Bürostuhl Ivorit, grau | 250,51 | 247 | 247 | 844 | 247 | 3,42 | 105,36 | 0,877962085 | 543,25 |
| B2005 | Bürostuhl Siderit, grau | 251,15 | 23 | 271 | 892 | 147 | 6,07 | 59,33 | 0,494394619 | 182,52 |
| B2025 | Bürostuhl Ivorit, schwarz | 249,39 | 65 | 102 | 999 | 83,5 | 11,96 | 30,09 | 0,250750751 | 52,22 |
| B2006 | Bürostuhl Siderit, grau | 259,00 | 48 | 55 | 1.011 | 51,5 | 19,63 | 18,34 | 0,152818991 | 20,38 |
| B2021 | Bürostuhl Ivorit, weiß | 264,99 | 123 | 233 | 1.015 | 178 | 5,70 | 63,13 | 0,526108374 | 248,16 |
| B2019 | Bürostuhl Ivorit, weiß | 248,65 | 280 | 220 | 1.048 | 250 | 4,19 | 85,88 | 0,715648855 | 444,86 |
| B2023 | Bürostuhl Ivorit, grau | 258,30 | 21 | 84 | 1.057 | 52,5 | 20,13 | 17,88 | 0,149006623 | 20,21 |
| B2007 | Bürostuhl Siderit, schwarz | 242,40 | 421 | 98 | 1.518 | 259,5 | 5,85 | 61,54 | 0,51284585 | 322,59 |
| B2002 | Bürostuhl Siderit, weiß | 249,07 | 265 | 145 | 1.519 | 205 | 7,41 | 48,58 | 0,404871626 | 206,73 |
| B2008 | Bürostuhl Siderit, schwarz | 250,76 | 98 | 83 | 1.628 | 90,5 | 17,99 | 20,01 | 0,166769042 | 37,85 |
| B2026 | Bürostuhl Ivorit, schwarz | 257,11 | 498 | 219 | 2.310 | 358,5 | 6,44 | 55,87 | 0,465584416 | 429,15 |
| B2015 | Bürostuhl Labrador, grau | 263,97 | 304 | 42 | 2.398 | 173 | 13,86 | 25,97 | 0,216430359 | 98,84 |
| B2017 | Bürostuhl Labrador, schwarz | 254,79 | 45 | 335 | 3.393 | 190 | 17,86 | 20,16 | 0,167992927 | 81,33 |
| B2016 | Bürostuhl Labrador, schwarz | 246,19 | 83 | 421 | 3.789 | 252 | 15,04 | 23,94 | 0,199524941 | 123,78 |
| B2014 | Bürostuhl Labrador, grau | 255,39 | 219 | 451 | 4.363 | 335 | 13,02 | 27,64 | 0,230346092 | 197,07 |
| B2001 | Bürostuhl Siderit, weiß | 241,43 | 451 | 65 | 4.393 | 258 | 17,03 | 21,14 | 0,176189392 | 109,74 |
| B2013 | Bürostuhl Labrador, grau | 247,21 | 271 | 265 | 4.463 | 268 | 16,65 | 21,62 | 0,180147883 | 119,35 |
| B2018 | Bürostuhl Labrador, schwarz | 262,91 | 102 | 554 | 5.230 | 328 | 15,95 | 22,58 | 0,188145315 | 162,25 |
| B2004 | Bürostuhl Siderit, grau | 243,64 | 220 | 304 | 5.471 | 262 | 20,88 | 17,24 | 0,143666606 | 91,71 |
| B2003 | Bürostuhl Siderit, weiß | 257,09 | 335 | 280 | 5.598 | 307,5 | 18,20 | 19,77 | 0,164790997 | 130,28 |

Wegen der hohen Kapitalbindung ist es sinnvoll, den Artikel B2010 und gegebenenfalls den Artikel B2012 aus dem Sortiment zu nehmen.

Seite 2 von 2

| | | | | |
|---|---|---|---|---|
| Prüvo GmbH<br>Münchener Straße 7 – 11<br>52062 Aachen<br>Steuer-Nr.: 32/342/43768<br>USt-IdNr.: DE865945748 | Geschäftsführerin:<br>Dr. Stefanie Steiner<br><br>HRB 8894<br>Amtsgericht Aachen | Telefon:<br>Fax:<br><br>Internet:<br>E-Mail: | 0241 5869-0<br>0241 5869-444<br><br>www.pruevo-gmbh.de<br>info@pruevo-gmbh.de | Bankverbindung:<br>Sparkasse Aachen<br><br>BIC AACSDE33XXX<br>IBAN DE08 3905 0000 0152 3567 88 |

# Teil C: Meilensteine und Stolpersteine – Weiterführende Lösungshinweise zu den Aufgaben

## Prüfung 3
## Aufgrund des Kündigungsschreibens einer Lagerversicherung die Kennzahlen auswerten

**Textverarbeitung**
- Formular für ein Protokoll erstellen
- zur Arbeitssitzung ein Sitzungsprotokoll erstellen

**Tabellenkalkulation**
- gemäß Arbeitsauftrag aus dem Sitzungsprotokoll die Lagerkennzahlen ermitteln
- Wareneinsatz in Stück in einem Diagramm darstellen
- Vorlage einer automatischen Lagerkarte erarbeiten
- Monatsendbestände für den Artikel „B2001" zusammenstellen

**Textverarbeitung**
- 2-seitigen Lagerbericht anfertigen

## Aufgabe 1

MEILEN STEIN

Anhand des Beispielprotokolls ist ein Formular (Vordruck) zu entwickeln. In einem Formular sind bestimmte Textteile vorgedruckt und für die veränderlichen/variablen Daten sind Haltepositionen festzulegen. Empfehlenswert ist, den Text, der in den Vordruck übernommen werden soll, zu markieren (s. Seite 87).

Für die variablen Daten ist in einem zweiten Schritt zu überlegen, welche Steuerelemente infrage kommen. Ist ein Text einzugeben, bietet sich ein Text-Inhaltssteuerelement an. Man kann bei den *Eigenschaften* über den Titel des Steuerelementes eine Ausfüllhilfe geben oder im *Entwurfmodus* den Anzeigentext ändern.

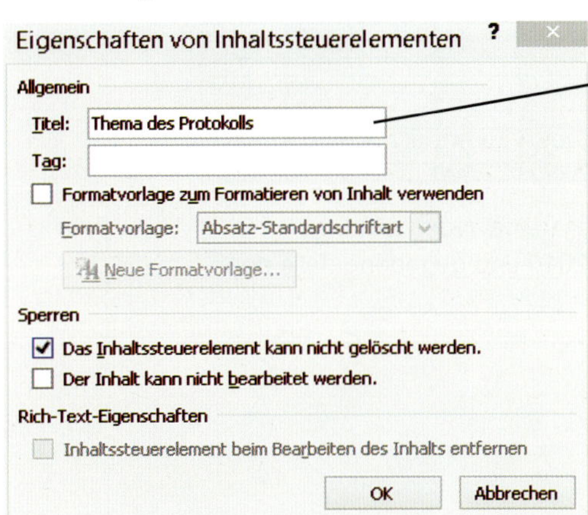

oder

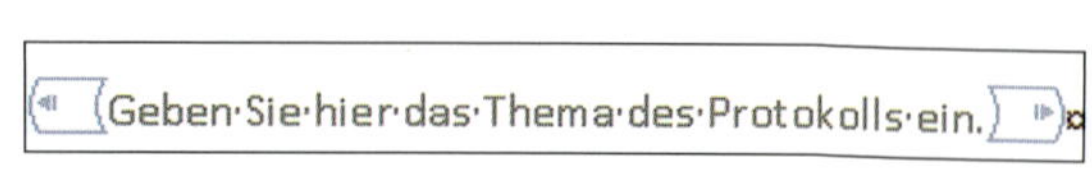


Beim Ausfüllen eines Formulars wird standardmäßig ein Inhaltssteuerelement bei der Eingabe gelöscht. Aktiviert man in den Eigenschaften „Das Inhaltssteuerelement kann nicht gelöscht werden.", wird das verhindert.

Will man genauer differenzieren und für den Anwender bei den Steuerelementeigenschaften genaue Ausfüllmöglichkeiten festlegen, bietet sich nach wie vor das Textformularfeld aus der Vorversion an. Für die Abschlussprüfung können die Eigenschaften kein Entscheidungskriterium sein, da diese Steuerelement-Eigenschaften bei den derzeit gängigen Versionen nicht druckbar sind.

**Prüvo GmbH**

Prüvo GmbH Büromöbel

## Protokoll

| | |
|---|---|
| Datum | 25.09.20xx |
| Thema | Planung des Betriebsausfluges |
| Beginn | 15:00 Uhr |
| Ende | 15:30 Uhr |
| Anwesend | Vasco Venturin, Rita Rothstein, Elvira Erz |
| Protokoll erstellt<br><br>am<br>von | <br><br>28.09.20xx<br>Rita Rothstein |
| Tagesordnung | 1. Ablauf des Betriebsausfluges<br>2. Aufgabenverteilung<br>3. Verschiedenes |
| TOP 1 | Herr Venturin begrüßt alle Anwesenden.<br><br>Der Termin für den Betriebsausflug wird auf den 20.03.20xx festgelegt.<br><br>Herr Venturin berichtet über den Ablauf des Betriebsausfluges. Es ist ein Ausflug über Königswinter nach Rolandseck geplant. Während der Fahrt wird Herr Neubertheim die Kulturlandschaft Rheintal hoffentlich mit kurzweiligen Erklärungen untermalen. Am Bahnhof Rolandseck werden wir das arp museum besuchen und uns dort die Ausstellung ansehen. Soweit sind die bisherigen Planungen gereift. |
| TOP 2 | Frau Erz berichtet, welche Aufgaben noch zu erledigen seien. Die Führung im arp museum ist noch zu planen. Frau Rothstein möchte wissen, ob es vielleicht auch eine Sonderausstellung gebe.<br><br>Frau Erz erwähnt, dass noch die genaue Zeitplanung festgelegt werden müsse.<br><br>Herr Venturin merkt an, dass die Abendveranstaltung noch geplant und ggf. gebucht werden müsse. Zunächst müssen Lokalitäten, die infrage kommen können, recherchiert werden.<br><br>Frau Rothstein bietet sich an, die Aufgaben zu erledigen und in der nachsten Sitzung die Informationen bereitzuhalten. |
| TOP 3 | Zu diesem Tagesordnungspunkt gibt es keine Wortmeldung. |
| Nächster Termin | Der nächste Termin wird auf den 02.10.20xx festgelegt. |

Seite 1 von 1

| | | | | |
|---|---|---|---|---|
| Prüvo GmbH<br>Münchener Straße 7 – 11<br>52062 Aachen<br>Steuer-Nr.: 32/342/43768<br>USt-IdNr.: DE865945748 | Geschäftsführerin:<br>Dr. Stefanie Steiner<br><br>HRB 8894<br>Amtsgericht Aachen | Telefon:<br>Fax:<br><br>Internet:<br>E-Mail: | 0241 5869-0<br>0241 5869-444<br><br>www.pruevo-gmbh.de<br>info@pruevo-gmbh.de | Bankverbindung:<br>Sparkasse Aachen<br><br>BIC AACSDE33XXX<br>IBAN DE08 3905 0000 0152 3567 88 |

## Aufgabe 3

### Weiterführendes zu Diagrammen und benutzerdefiniertem Sortieren

Zum Sortieren einer Tabelle nach anderen Spalten als der ersten des markierten Bereiches braucht man das benutzerdefinierte Sortieren. Nur hier kann man die Spalte auswählen, nach welcher sortiert werden soll.

Dazu schauen wir uns die Aufgabe 4.1 beispielhaft an. Hier soll für das Diagramm der höchste Wareneinsatz oben und der kleinste unten angeordnet werden. Dazu werden die Daten schon in der Tabelle entsprechend sortiert.

**1.** Bereich markieren

**2.** Sortierkriterium auswählen

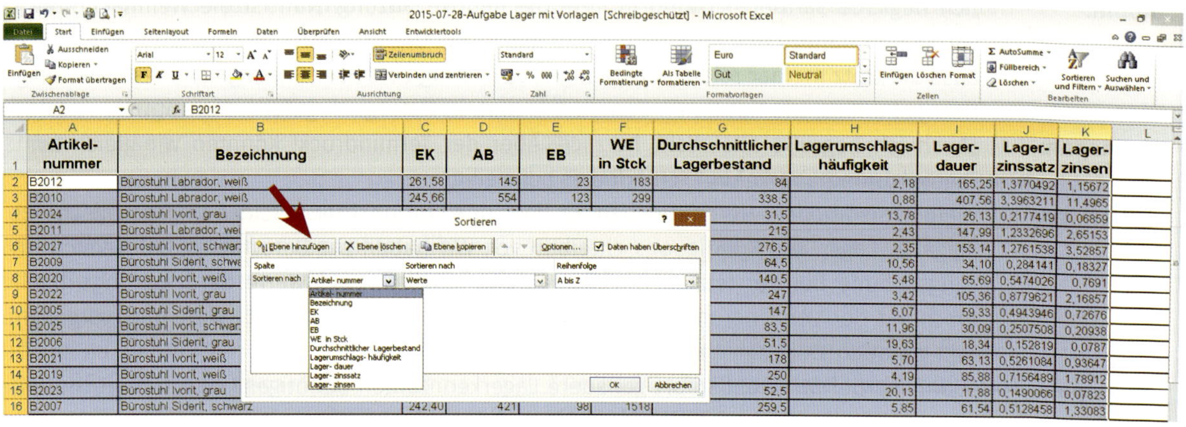

**3.** Reihenfolge, wonach sortiert werden soll, bestimmen

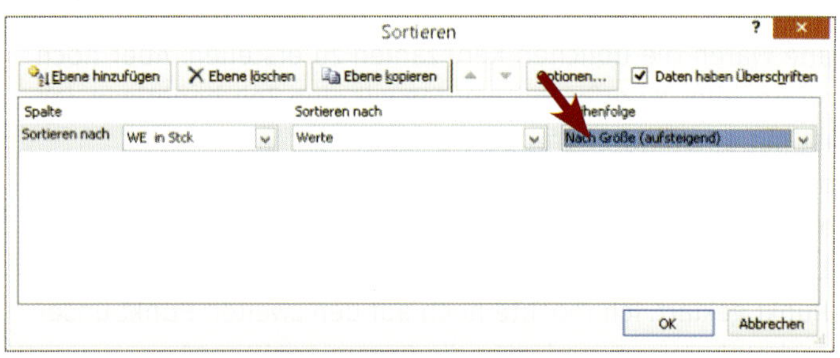


**4.** Anschließend bestätigen

Achtung! Immer prüfen, ob die Überschriften mit markiert worden sind oder nicht. Je nachdem muss der Haken gesetzt werden oder nicht.

## Allgemeines zum Filtern einer Tabelle

Um in einer Tabelle zu filtern, schaltet man im Menüband „Start" die Funktion „Sortieren und Filtern" ein. Exemplarisch betrachten wir die Aufgabe 5.2: Es werden nur die Bewegungsdaten des Artikels B2001 benötigt.

1. Bereich markieren
2. Filterfunktion einschalten, der Button zum Sortieren erscheint.

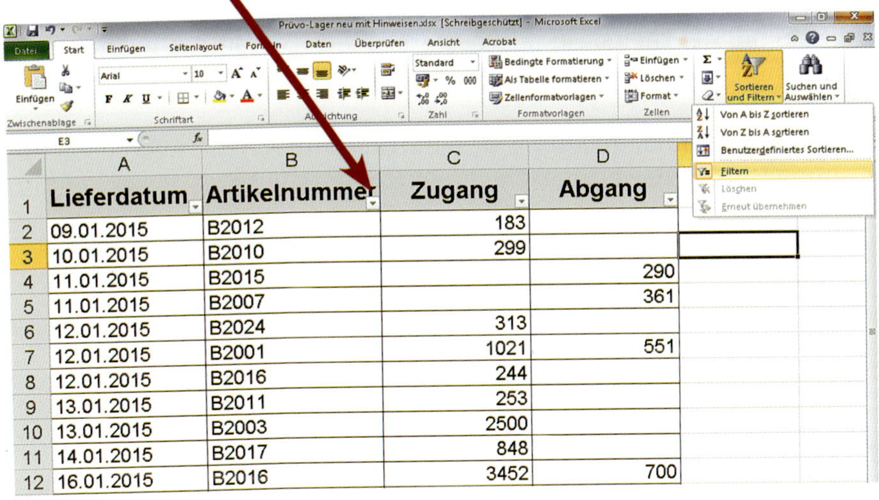

| | Lieferdatum | Artikelnummer | Zugang | Abgang |
|---|---|---|---|---|
| 2 | 09.01.2015 | B2012 | 183 | |
| 3 | 10.01.2015 | B2010 | 299 | |
| 4 | 11.01.2015 | B2015 | | 290 |
| 5 | 11.01.2015 | B2007 | | 361 |
| 6 | 12.01.2015 | B2024 | 313 | |
| 7 | 12.01.2015 | B2001 | 1021 | 551 |
| 8 | 12.01.2015 | B2016 | 244 | |
| 9 | 13.01.2015 | B2011 | 253 | |
| 10 | 13.01.2015 | B2003 | 2500 | |
| 11 | 14.01.2015 | B2017 | 848 | |
| 12 | 16.01.2015 | B2016 | 3452 | 700 |

3. Button bei den Artikelnummern anklicken
4. B2001 auswählen

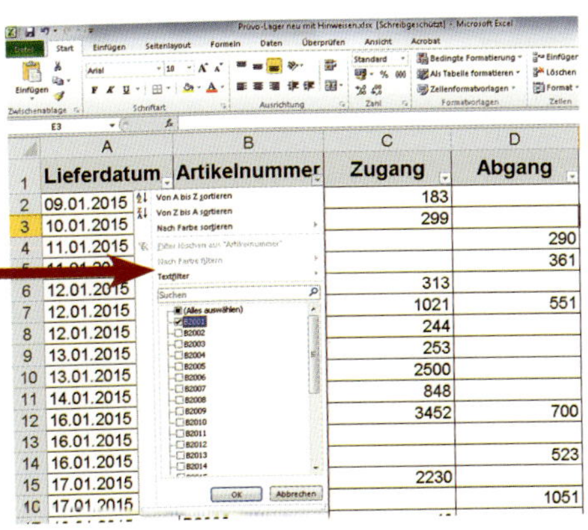


5. Jetzt erscheinen nur die Warenbewegungen des Artikels B2001, diese kann man jetzt in das Tabellenblatt „B2001" kopieren.

| | Lieferdatum | Artikelnummer | Zugang | Abgang |
|---|---|---|---|---|
| 7 | 12.01.2015 | B2001 | 1021 | 551 |
| 40 | 27.02.2015 | B2001 | | 311 |
| 47 | 21.03.2015 | B2001 | | 245 |
| 58 | 26.04.2015 | B2001 | | 251 |
| 59 | 22.05.2015 | B2001 | 2046 | |
| 67 | 25.06.2015 | B2001 | | 1029 |
| 68 | 03.07.2015 | B2001 | | 481 |
| 95 | 14.08.2015 | B2001 | 1326 | |
| 105 | 15.09.2015 | B2001 | | 608 |
| 117 | 13.10.2015 | B2001 | | 703 |
| 124 | 10.11.2015 | B2001 | | 220 |
| 131 | 08.12.2015 | B2001 | | 380 |

## Aufgabe 7

Die Datei „Bericht-Vordruck“ ist als Formular nicht „geschützt“, da ansonsten die Verknüpfung mit dem Excel-Tabellenblatt nicht vorgenommen werden kann.

Für die äußere Form des Berichtes gibt es keine Formvorschriften und somit keine Anordnungsregeln gemäß DIN 5008. Die Vorlage in diesem Buch ist ähnlich aufgebaut wie das Protokoll. Da der Bericht zumeist nicht auf eine Seite passt, ist hier direkt der Seitenumbruch vorgegeben.

Der Bericht muss so abgefasst sein, dass die Geschäftsleitung sich ein Urteil zur Situation im Lager bilden kann. Die Berechnungen sind wahrheitsgemäß, vollständig und eindeutig darzustellen. Beurteilungen und Wertungen sind an dieser Stelle nicht gewünscht.

Es ist eine Stellungnahme zur genaueren Betrachtung des durchschnittlichen Lagerbestandes abzugeben. Diese Schlussfolgerung ist eine Bewertung, die im Bericht als solche zu deklarieren ist.

Um die Excel-Funktion in Word nutzen zu können, fügt man das vorhandene Tabellenblatt „Prüvo-Lager.xlsx/Bürostuhl“ **als Verknüpfung** über den Zwischenspeicher ein.

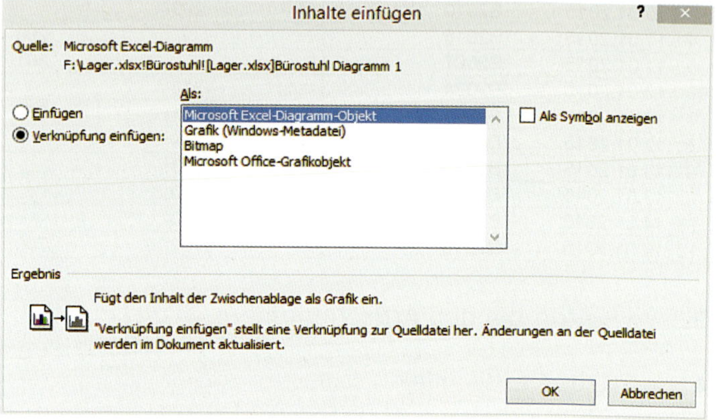


Die Verknüpfung ermöglicht bei einer Bearbeitung eine direkte Anpassung in der Ziel- und Quelldatei. Diese hinterlegte Feldfunktion kann in den Optionen *Anstelle von Werten* angezeigt und/oder gedruckt werden und sieht wie folgt aus:

{ LINK Excel.Sheet.12 “*\\Prüvo-Lager.xlsx“ Bürostuhl!Z1S1:Z28S11“ \a \p * }

Als Objekt lässt sich nur die gesamte Datei mit allen Tabellenblättern einbinden.

# Prüfung: Versand

## Teil A: Grundsteinlegung – Ausgangssituation und Aufgaben

### Hier geht's los!

Wie auch bei der Abschlussprüfung der IHK, Teil 1 (Informationstechnisches Büromanagement), ist auf die Einhaltung der amtlichen Rechtschreibung, des Ausdrucks, der Zeichensetzung und der DIN 5008 zu achten. Eine Formulierung in vollständigen Sätzen wird vorausgesetzt.

Rita Rothstein ist Mitarbeiterin in der Verwaltung der Prüvo GmbH, Münchener Straße 7 – 11, 52062 Aachen. Telefonisch ist sie unter der Durchwahl 459 zu erreichen.

Sie benötigen aus dem Ordner „Steinzeug/Versand" zur Bearbeitung folgende Dateien:

**a)** Excel-Datei „Prüvo-Versand"
**b)** Word-Datei „Vertragsentwurf-Korrektur1"
**c)** Pdf-Datei „Versandanbieter"

### Corporate Identity

- Alle E-Mail-Adressen werden nach folgendem Schema aufgebaut: nachname-verwaltung@pruevo-gmbh.de
- Speichern Sie Ihre Ergebnisse ab unter Bezeichnung der jeweiligen Aufgaben und Ihrem Nachnamen, z. B. „AufgabeX-Nachname".
- Die Namenszeichen der Mitarbeiter/-innen setzen sich aus dem Kürzel für die Abteilung und den Initialen des/-r betreffenden Mitarbeiters/Mitarbeiterin zusammen, z. B. verw-rr.

### Corporate Design

- Alle in- und externen Schriftstücke sind nach dem Corporate Design unter Berücksichtigung der DIN 5008 zu erstellen.
- Der Firmenschriftzug ist in WordArt, Schriftgröße 18 und linksbündig in der Kopfzeile darzustellen.
- Das Firmenlogo ist rechts in der Kopfzeile mit einer maximalen Breite von 4 cm anzubringen.
- In der Fußzeile werden die in der Prüvo GmbH üblichen Geschäftsangaben aufgenommen.
- Die Schriftart für Texte ist Arial und die Schriftgröße 11.
- Die Silbentrennung ist generell zu nutzen.
- Überschriften sind in Schriftgröße 14, in Fettschrift, zentriert und mit einer Umrahmung darzustellen.
- Aufzählungen enthalten einen Haken und Nummerierungen Kleinbuchstaben.

### Sonstiges

- Speichern Sie – wie auch in der Prüfung – alle fünf Minuten ab.
- Für Ihre rechnerische und grafische Auswertung stehen Ihnen die Daten aus der Datensammlung „Steinzeug/Versand" zur Verfügung.
- Alle Dateien erhalten rechtsbündig Ihren Namen.
- Alle Excel-Formeln sind kopierfähig; evtl. absolut und relativ adressiert.
- Alle Formeln sind arbeitsökonomisch und hinsichtlich eines Tabellenkalkulationsprogrammes rationell zu erstellen.

## Gesamtsituation

Frau Rothstein bereitet jeden Nachmittag die Post für den Versand vor. Heute unterstützt sie der Praktikant Simar Karuba. Er sitzt vor einem Berg von Briefen, Katalogen, Büchersendungen, Einladungen etc.

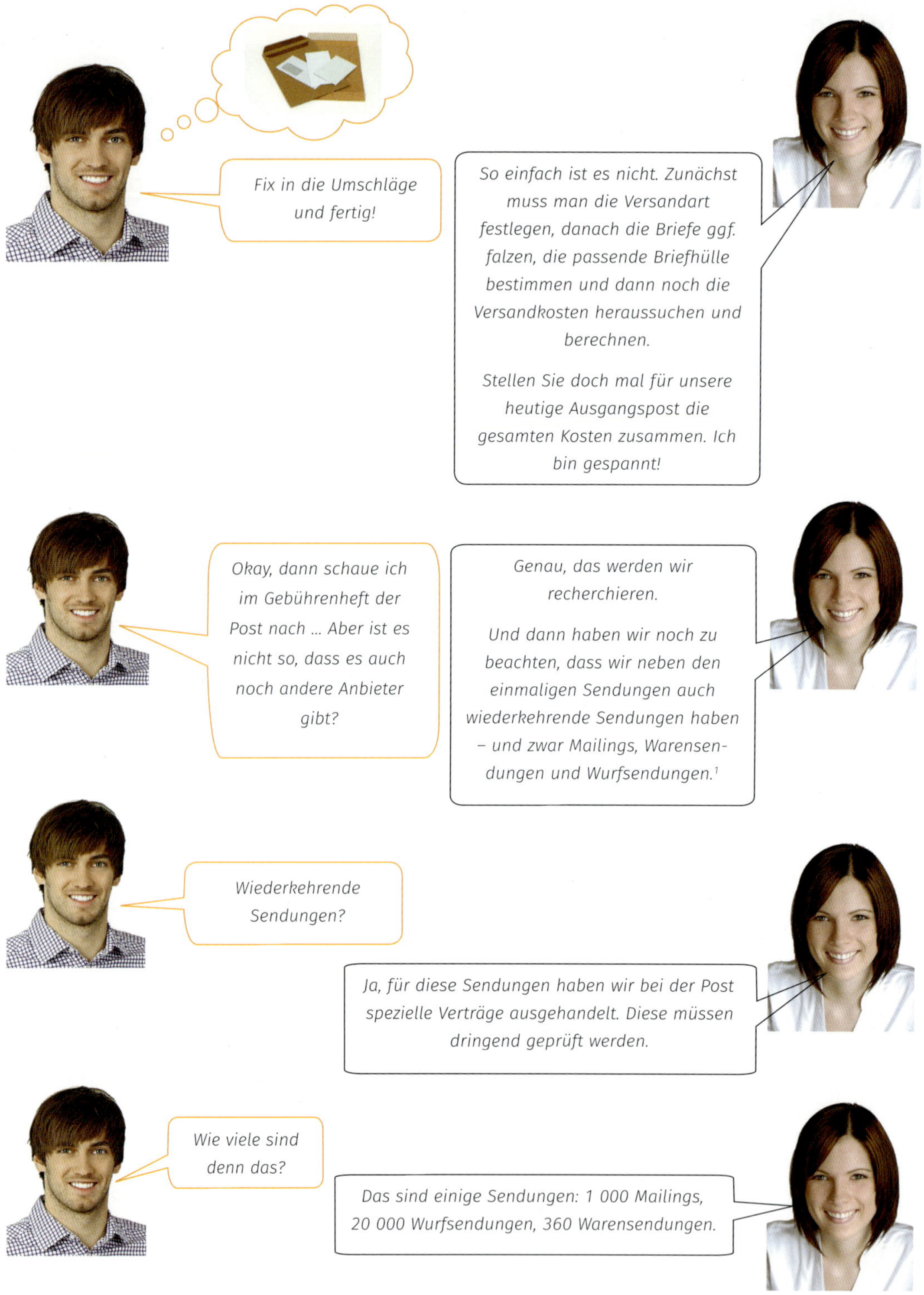


[1] Die Deutsche Post AG hat zu Beginn 2016 die Produktbezeichnungen „Mailing“ durch „DIALOGPOST“ und „Wurfsendung“ durch „POSTAKTUELL“ ersetzt. Wir verwenden hier jedoch noch die gebräuchlichen Bezeichnungen.

## Mittendrin: Aufgaben

**1 Postversand vorbereiten**

**1.1** Erstellen Sie die tabellarische Übersicht auf Seite 96.

**1.2** Ermitteln Sie die jeweiligen Kosten:

- Schreiben zum Gesundheitstag an die Meteorit AG, Frankfurt
- 100 Faltblätter auf A5-Format gefalzt, 70 g/m², an die Meteorit AG, Frankfurt, zur Vorbereitung auf den Gesundheitstag
- 4.500 Kataloge (Umfang: 150 Seiten, 80 g/m²) an unsere Lieferanten
- 55 Einladungen im A6-Format zu den Innovation Days nach Stuttgart und Bremen
- Zustellung einer Kündigung an einen Mitarbeiter

**1.3** Ermitteln Sie die Gesamtsumme.

---

**2 Preise und Anzahl übertragen**

Bearbeitet werden folgende Tabellenblätter:

- „Preise"
- „Anzahl der Sendungen"

Für das anstehende Gespräch mit der Geschäftsleitung wird eine Auswertung aller vier Anbieter der Postdienste benötigt.

**2.1** Tragen Sie in das Tabellenblatt „Preise" aus den vorliegenden Angeboten der Datei „Versandanbieter.pdf" die Preise für die

- Mailings,
- Warensendungen und
- Wurfsendungen

ein.

**2.2** Übertragen Sie die Anzahl der Sendungen der Prüvo GmbH aus dem Gespräch mit Frau Rothstein in das Tabellenblatt „Anzahl der Sendungen".

Info:
Mailing = adressierte, inhaltlich gleiche Briefe in einem bestimmten Zustellbezirk

---

**3 Kostenvergleich der Anbieter**

Bearbeitet werden folgende Tabellenblätter:

- „Kostenvergleich Versand"
- „Preise"
- „Anzahl der Sendungen"

Für das anstehende Gespräch mit Herrn Georg Grünspan von der Geschäftsleitung wird eine Auswertung aller Anbieter von Postdiensten benötigt. Hierzu soll eine Übersicht erstellt werden, die jedes Jahr schnell angepasst werden kann. Eine grafische Übersicht wurde auch angefordert.

**3.1** Ermitteln Sie funktionsgesteuert im Tabellenblatt „Kostenvergleich Versand" in den Zellen B2–E4 die jeweiligen Kosten der Dienstleistung.

**3.2** Bilden Sie in der Zeile 5 die Spaltensummen.

**3.3** In der Zeile 6 soll formelgesteuert ein Text erscheinen, der aussagt, ob der jeweilige Anbieter der „günstigste“ oder zu „teuer“ ist.

**3.4** Fügen Sie unterhalb Ihrer Tabelle ein gestapeltes 3-D-Säulendiagramm nach Diagramm „Muster D“ ohne Überschrift“ ein, welches die vier Anbieter gegenüberstellt (s. Seite 98).

**4 Vertragsunterlagen ändern**

Frau Rothstein erhält von ihrem Vorgesetzten, Vasco Venturin, den Arbeitsauftrag, seine Änderungswünsche unter „Änderungen nachverfolgen“ einzupflegen.

**4.1** Ändern Sie den Benutzernamen in „Vasco Venturin“ und die Benutzerinitialen in „vv“.

**4.2** Aktivieren Sie „Änderungen nachverfolgen“ und zeichnen Sie folgende Veränderungen auf:

- Ändern Sie den Zeilenabstand in der Überschrift auf „einfach“.
- Löschen Sie in der ersten Zeile ein Leerzeichen nach dem Wort „sich“.
- Schützen Sie die Bindestriche in dem Wort „E-Mail-Bestätigung“ im zweiten Absatz.
- Ergänzen Sie einen Leerschritt nach „zustande“.
- „30 000 Wurfsendungen“ sind in „20 000 Wurfsendungen“ zu ändern.
- Der Absatz von „Persönlich ... Aachen“ ist zu löschen.
- Geben Sie im Absatz „Mailing“ vor „Die Kataloge“ eine Einrückung ein.
- Ergänzen Sie nach „identisch“ den folgenden Satz: „Es kann jedoch eine individuelle Briefanrede eingebunden werden.“
- Unter dem Text ist folgender Kommentar einzufügen: „Der Abholservice muss noch geklärt werden.“

**5 Änderungen kombinieren**

Von der Geschäftsleiterin, Rosa Robin, liegt der Vertragsentwurf mit der ersten, bereits durchgeführten Änderung vor.

Kombinieren Sie den Vertragsentwurf von der Geschäftsleiterin mit dem Vertragsentwurf des Abteilungsleiters, Vasco Venturin, in einem neuen Dokument. Dabei ist die Datei von Frau Robin das Originaldokument.

**Ende der Prüfung**



## Steinzeug: Materialien

Web

### Aufgabe 1

| Versandunterlagen | Größe | Versandart | Briefhülle | Gewicht | Kosten pro Stück | Kosten gesamt |
|---|---|---|---|---|---|---|
| Schreiben an die Meteorit AG, Frankfurt | | | | | | |
| 100 Faltblätter an die Meteorit AG, Frankfurt | | | | | | |
| 4 500 Kataloge | | | | | | |
| 55 Einladungen | | | | | | |
| Zustellung einer Kündigung | | | | | | |
| Kosten | | | | | | |

## Auszug aus dem Postgebührenheft „Preise und Leistungen 2015“[1]

Web

| Briefe und Postkarten[2] | | |
|---|---|---|
| **Standardbrief** | **D** | **International** |
| | 0,62 € | 0,80 € |
| Mindestmaße: | 140 mm x 90 mm* (L x B) | |
| Höchstmaße: | 235 mm x 125 mm x 5 mm* (L x B x H) | |
| Höchstgewicht: | 20 g | |
| STANDARDBRIEFE müssen so beschaffen sein, dass sie sich maschinell verarbeiten lassen. | | |
| **Kompaktbrief** | **D** | **International** |
| | 0,85 € | 1,50 € |
| Mindestmaße: | Deutschland: 100 mm x 70 mm* (L x B)<br>International: 140 mm x 90 mm* (L x B) | |
| Höchstmaße: | 235 mm x 125 mm x 10 mm* (L x B x H) | |
| Höchstgewicht: | 50 g | |
| **Großbrief** | **D** | **International** |
| | 1,45 € | 3,45 € |
| Mindestmaße: | 100 mm x 70 mm (L x B) | |
| Höchstmaße: | 353 mm x 250 mm x 20 mm (L x B x H) (B4) | |
| Höchstgewicht: | 500 g | |
| Für internationale GROSSBRIEFE gelten die Mindest- und Höchstmaße wie bei MAXIBRIEF International. | | |
| **Maxibrief National** | **D** | **International** |
| | 2,40 € | -- |
| Mindestmaße: | 100 mm x 70 mm (L x B) | |
| Höchstmaße: | 353 mm x 250 mm x 50 mm (L x B x H) (B4) | |
| Höchstgewicht: | 1 000 g | |
| Für nationale MAXIBRIEFE, die das o. g. Höchstgewicht und/oder die o. g. Höchstmaße überschreiten:** | | |
| zusätzliches Entgelt | + 2,20 € | |
| **Maxibrief International** | | **International** |
| über 500 g bis 1 000 g | | 7,00 € |
| über 1 000 g bis 2 000 g | | 17,00 € |
| Mindestmaße: | 140 mm x 90 mm (L x B) | |
| Höchstmaße: | L + B + H = 900 mm, keine Seite länger als 600 mm | |
| Höchstgewicht: | 2 000 g | |
| **ZUSATZLEISTUNGEN** | | |
| **Einschreiben** | **D** | **International** |
| | + 2,15 € | + 2,15 € |
| **Eigenhändig** | **D** | **International** |
| | + 1,80 € | + 1,80 € |
| **Rückschein** | **D** | **International** |
| | + 1,80 € | +1,80 € |
| **Einwurf-Einschreiben** | **D** | **International** |
| | + 1,80 € | -- |

| Infopost Preise | |
|---|---|
| **Infopost Standard*** | **Deutschland** |
| je Sendung bis 20 g | 0,28 € |
| **Infopost Kompakt*** | **Deutschland** |
| je Sendung bis 20 g | 0,31 € |
| je Sendung über 20 g bis 50 g – so wird berechnet: (ganze g** – 20) x 0,352 ct + 31 ct*** | 0,31 € bis 0,42 € |
| **Infopost Groß*** | **Deutschland** |
| je Sendung bis 20 g | 0,39 € |
| je Sendung über 20 g bis 100 g – so wird berechnet: (ganze g** – 20) x 0,352 ct + 39 ct*** | 0,39 € bis 0,67 € |
| je Sendung über 100 g bis 1 000 g – so wird berechnet: (ganze g** – 100) x 0,046 ct + 67 ct*** | 0,67 € bis 1,08 € |
| **Infopost Maxi*** | **Deutschland** |
| je Sendung bis 20 g | 0,76 € |
| je Sendung über 20 g bis 100 g – so wird berechnet: (ganze g** – 20) x 0,352 ct + 76 ct*** | 0,76 € bis 1,04 € |
| je Sendung über 100 g bis 1 000 g – so wird berechnet: (ganze g** – 100) x 0,046 ct + 104 ct*** | 1,04 € bis 1,45 € |

*[1] Ab 2016 ist der Begriff „Mailing“ durch „Dialogpost“ ersetzt worden und „Wurfsendung“ durch „Postaktuell“. Aktuelle Daten finden Sie unter BuchPlusWeb.*

*[2] Alle Preise sind Endpreise und nach UStG umsatzsteuerfrei, Ausnahme: Infopost*
*Quelle: vgl. Preise und Leistungen aus „Deutsche Post“*

## Aufgabe 2

### Tabellenblatt „Preise“

| | A | B | C | D |
|---|---|---|---|---|
| 1 | Anbieter | Mailing | Warensendung | Wurfsendung |
| 2 | Post | | | |
| 3 | Diamond Parcel | | | |
| 4 | Opal Mail | | | |
| 5 | Sterling Express | | | |

### Tabellenblatt „Anzahl der Sendungen“

| | A | B |
|---|---|---|
| 1 | | Anzahl pro Jahr |
| 2 | Mailing | 1.000 |
| 3 | Warensendung | 360 |
| 4 | Wurfsendung<br>à 10.000 Stück | 2 |

### Tabellenblatt „Kostenvergleich Versand“

| | A | B | C | D | E |
|---|---|---|---|---|---|
| 1 | | Post | Diamond Parcel | Opal Mail | Sterling Express |
| 2 | Mailing | | | | |
| 3 | Warensendung | | | | |
| 4 | Wurfsendung | | | | |
| 5 | Gesamt | | | | |
| 6 | Entscheidung | | | | |

## Aufgabe 3

### Diagramm „Muster D“

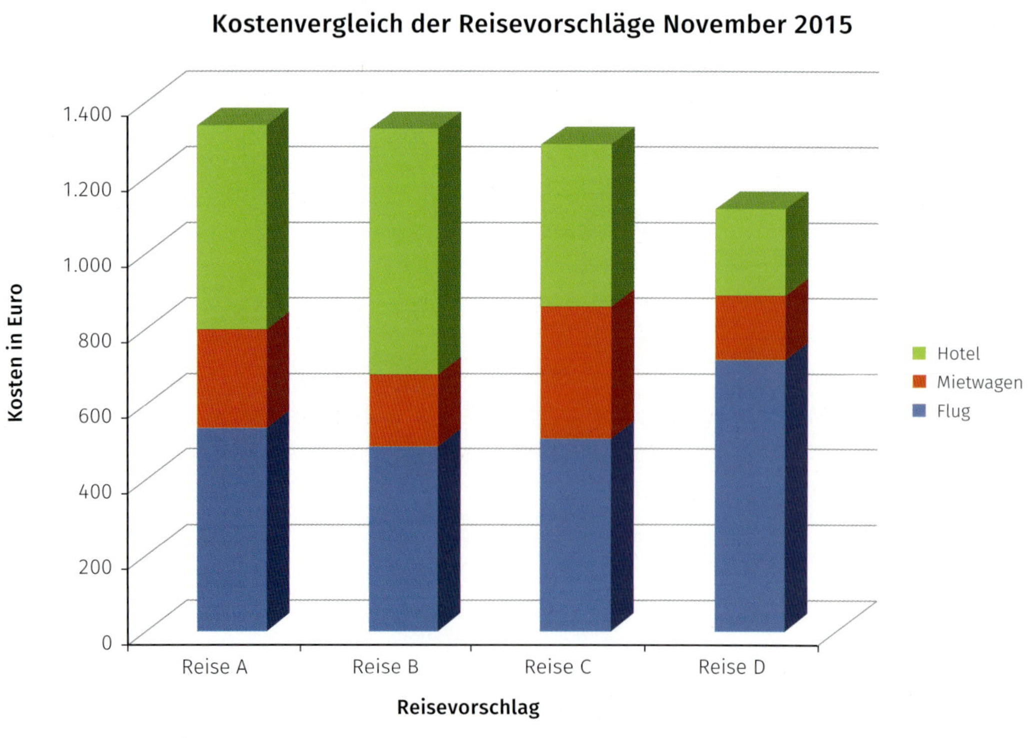

## Aufgabe 4

Web

# Vertragsunterlagen (Auszug)[1]

## Geltungsbereich

Dieser Vertrag bezieht sich ausschließlich auf die von dem Auftraggeber hergestellten Wurfsendungen. Mit deren Einlieferung kommt ein Beförderungsvertrag zwischen dem Auftraggeber und dem Anbieter zustande. Es gelten jeweils die auf der Website veröffentlichten Allgemeinen Geschäftsbedingungen.

## Zustandekommen des Vertrages und Rücktritt

Der Vertrag kommt bei Einlieferung oder über die Bestellung im Onlineshop mit einer E-Mail-Bestätigung zustande.Das Annehmen oder Ablehnen eines Auftrags steht jedem Vertragspartner frei. Falls ein wichtiger Grund vorliegt, kann man vom Vertrag zurücktreten.

## Leistungen

Drucksachen: Der Versand gedruckter Mitteilungen wird gegen geringere Gebühr ermöglicht. Die Mitteilungen werden ohne Adresse und unverschlossen an sämtliche Haushalte oder offene Geschäfte innerhalb eines Zustellbezirks ausgehändigt. Mindestmenge sind 30 000 Stück.

Persönlich adressierte Werbesendungen müssen von Zustellern zugestellt werden. Falls vom Empfänger Werbesendungen durch Aufschrift am Briefkasten „Keine Werbung“ abgelehnt werden, erfolgt keine Zustellung. Dies gilt auch für teiladressierte Sendungen, wie z. B. „Teilnehmer und Teilnehmerinnen des Prüfungsvorbereitungskurses, Münchener Straße 7 – 11, 52062 Aachen“.

Mailing: Die Kataloge sind adressiert und ohne Briefhüllen versandfertig einzuliefern. Jedes Schreiben ist bis auf die Adresse identisch. Der Eindruck von verschiedenen Lieferanten oder Kundennummern ist nicht gestattet.

Falls andere variable Textstellen gewünscht sind, ist dies gesondert mit der Kundenberatung abzusprechen.

Die Mindestmenge beträgt 5 000 Stück.

Mailings müssen nach der Postleitzahl sortiert werden.

Warensendung: Es dürfen Muster der verschiedenen Holzarten und Materialien versandt werden. Möglich sind auch verschiedene Schrauben oder anderes notwendiges Zubehör. Die Deklaration als Warensendung ist erforderlich und der Versand erfolgt offen.

[1] Vertragsunterlagen sind fiktiv.

## Aufgabe 5

### Vertragsunterlagen von Frau Robin

# Vertragsentwurf (Auszug)[1]

Kommentar [rr1]: Bitte Rücksprache!

## Geltungsbereich

Dieser Vertrag bezieht sich ausschließlich auf die von dem Auftraggeber hergestellten Mailings, Wurfsendungen und Warensendungen. Mit deren Einlieferung kommt ein Beförderungsvertrag zwischen dem Auftraggeber und dem Anbieter zustande. Es gelten jeweils die auf der Website veröffentlichten Allgemeinen Geschäftsbedingungen.

## Zustandekommen des Vertrages und Rücktritt

Der Vertrag kommt bei Einlieferung oder über die Bestellung im Onlineshop mit einer E-Mail-Bestätigung zustande.Das Annehmen oder Ablehnen eines Auftrags steht jedem Vertragspartner frei. Falls ein wichtiger Grund vorliegt, kann man vom Vertrag zurücktreten.

## Leistungen

Drucksachen: Der Versand gedruckter Mitteilungen wird gegen geringere Gebühr ermöglicht. Die Mitteilungen werden anschriftlos und unverschlossen an sämtliche Haushalte oder offene Geschäfte innerhalb eines Zustellbezirks ausgehändigt. Mindestmenge sind 30 000 Stück.

Persönlich adressierte Werbesendungen müssen von Zustellern zugestellt werden. Falls vom Empfänger Werbesendungen durch Aufschrift am Briefkasten „Keine Werbung“ abgelehnt werden, erfolgt keine Zustellung. Dies gilt auch für teiladressierte Sendungen, wie z. B. „Teilnehmer und Teilnehmerinnen des Prüfungsvorbereitungskurses, Münchener Straße 7 – 11, 52062 Aachen“.

Mailing: Die Kataloge sind adressiert und ohne Briefhüllen versandfertig einzuliefern. Jedes Schreiben ist bis auf die Adresse identisch. Der Eindruck von verschiedenen Lieferanten oder Kundennummern ist nicht gestattet.

Falls andere variable Textstellen gewünscht sind, ist dies gesondert mit der Kundenberatung abzusprechen.

Die Mindestmenge beträgt 40 000 Stück.

Mailings müssen nach der Postleitzahl sortiert werden.

Warensendung: Es dürfen Muster der verschiedenen Holzarten versandt werden. Als Anlagen sind Inhaltsangaben und Prospekte erlaubt. Möglich sind auch verschiedene Schrauben oder anderes notwendiges Zubehör. Die Deklaration als Warensendung ist erforderlich und der Versand erfolgt offen.

[1] Dieser Vertrag ist fiktiv.

# Teil B: In Stein gemeißelt – Lösungsvorschläge

## Aufgabe 1

| Versandunterlagen | Größe | Versandart | Briefhülle | Gewicht | Kosten | Kosten gesamt |
|---|---|---|---|---|---|---|
| Schreiben an Meteorit AG, Frankfurt | 9,9 cm × 21 cm | Brief | DL | Unter 20 g | 0,62 € | 0,62 € |
| 100 Faltblätter an Meteorit AG, Frankfurt | 14,9 cm × 21 cm × 3 cm | Maxibrief | B4 | 438 g | 2,40 € | 2,40 € |
| 4.500 Kataloge | 21 cm × 29,7 cm | Infopost Groß | C4 | 750 g | 1,15 € | 5.175,00 € |
| 55 Einladungen | 9,9 cm × 14,9 cm | Infopost | C6 | Unter 20 g | 0,33 € | 18,33 € |
| Zustellung einer Kündigung | 9,9 cm × 21 cm | Brief Einschreiben - Rückschein | DL | Unter 20 g | 4,57 € | 4,57 € |
| | | | | | | 5.198,76 € |



## Aufgabe 2

Web

### Lösung Tabellenblatt „Preise Vorlage“

| | A | B | C | D |
|---|---|---|---|---|
| 1 | Anbieter | Mailing | Warensendung | Wurfsendung |
| 2 | Post | 0,33 | 0,9 | 631 |
| 3 | Diamond Parcel | 0,34 | 0,93 | 635 |
| 4 | Opal Mail | 0,32 | 0,89 | 645 |
| 5 | Sterling Express | 0,31 | 0,94 | 638 |

### Lösung Tabellenblatt „Anzahl der Sendungen Vorlage“

Web

| | A | B |
|---|---|---|
| 1 | | Anzahl pro Jahr |
| 2 | Mailing | 1.000 |
| 3 | Warensendung | 360 |
| 4 | Wurfsendung à 10.000 Stück | 2 |

Web

## Aufgabe 3

### Tabellenblatt „Kostenvergleich Lösung“

| | A | B | C | D | E |
|---|---|---|---|---|---|
| 1 | | **Post** | **Diamond Parcel** | **Opal Mail** | **Sterling Express** |
| 2 | Mailing | 330,00 € | 340,00 € | 320,00 € | 310,00 € |
| 3 | Warensendung | 324,00 € | 334,80 € | 320,40 € | 338,40 € |
| 4 | Wurfsendung | 1.262,00 € | 1.270,00 € | 1.290,00 € | 1.276,00 € |
| 5 | Gesamt | 1.916,00 € | 1.944,00 € | 1.930,40 € | 1.924,40 € |
| 6 | Entscheidung | Günstigster | Zu teuer | Zu teuer | Zu teuer |
| 7 | | | | | |
| 8 | | | | | |
| 9 | | | | | |
| 10 | | | | | |
| 11 | | | | | |
| 12 | | | | | |
| 13 | | | | | |
| 14 | | | | | |
| 15 | | | | | |
| 16 | | | | | |
| 17 | | | | | |
| 18 | | | | | |
| 19 | | | | | |
| 20 | | | | | |
| 21 | | | | | |
| 22 | | | | | |
| 23 | | | | | |

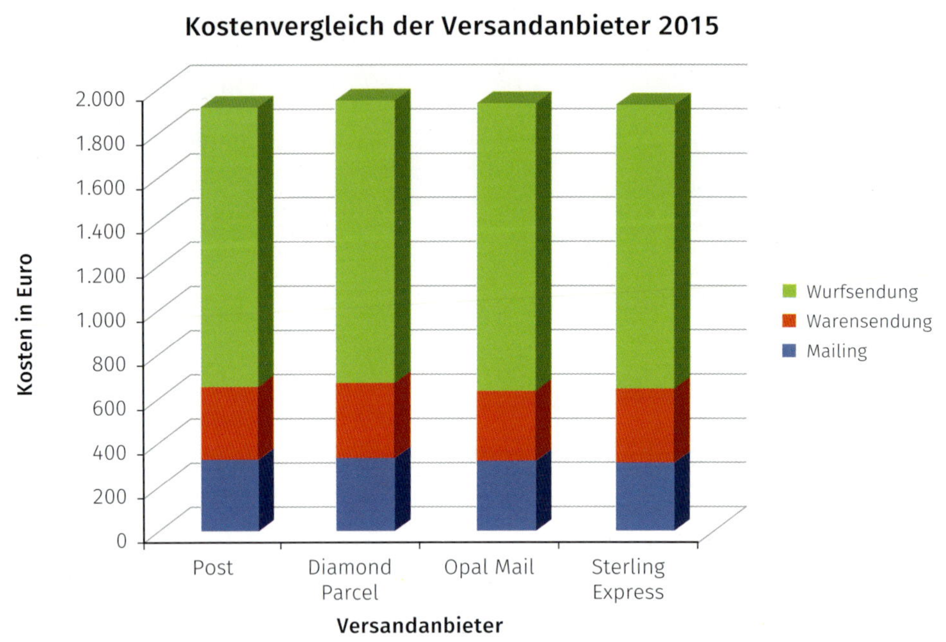


Web

### Tabellenblatt „Kostenvergleich Formeln“

| | A | B | C |
|---|---|---|---|
| 1 | | **Post** | **Diamond Parcel** |
| 2 | Mailing | ='Anzahl der Sendungen'!$B2*SVERWEIS(B$l;PR;2;0) | ='Anzahl der Sendungen'!$B2*SVERWEIS(C$1;PR;2;0) |
| 3 | Warensendung | ='Anzahl der Sendungen'!$B3*SVERWEIS(B$l;PR;3;0) | ='Anzahl der Sendungen'!$B3*SVERWEIS(C$1;PR;3;0) |
| 4 | Wurfsendung | ='Anzahl der Sendungen'!$B4*SVERWEIS(B$l;PR;4;0) | ='Anzahl der Sendungen'!$B4*SVERWEIS(C$1;PR;4;0) |
| 5 | Gesamt | =SUMME(B2:B4) | =SUMME(C2:C4) |
| 6 | Entscheidung | =WENN(B5=MIN($B$5:$E$5);"Günstigster";"Zu teuer") | =WENN(C5=MIN($B$5:$E$5); "Günstigster";"Zu teuer") |

| | D | E |
|---|---|---|
| 1 | **Opal Mail** | **Sterling Express** |
| 2 | ='Anzahl der Sendungen'!$B2*SVERWEIS(D$l;PR;2;0) | ='Anzahl der Sendungen'!$B2*SVERWEIS(E$1;PR;2;0) |
| 3 | ='Anzahl der Sendungen'!$B3*SVERWEIS(D$l;PR;3;0) | ='Anzahl der Sendungen'!$B3*SVERWEIS(E$1;PR;3;0) |
| 4 | ='Anzahl der Sendungen'!$B4*SVERWEIS(D$l;PR;4;0) | ='Anzahl der Sendungen'!$B4,SVERWEIS(D$1;PR;4;0) |
| 5 | =SUMME(D2:D4) | =SUMME(E2:E4) |
| 6 | =WENN(D5=MIN($B$5:$E$5);"Günstigster";"Zu teuer") | =WENN(E5=MIN($B$5:$E$5);"Günstigster";"Zu teuer") |

## Aufgabe 4

## Vertragsänderung von Vasco Venturin

### Vertragsunterlagen (Auszug)[1]

**Formatiert:** Zeilenabstand: einfach, Rahmen: Unten: (Einfache einfarbige Linie, Automatisch, 0,5 Pt. Zeilenbreite, Vom Text: 8 Pt.

#### Geltungsbereich

Dieser Vertrag bezieht sich ausschließlich auf die von dem Auftraggeber hergestellten Wurfsendungen. Mit deren Einlieferung kommt ein Beförderungsvertrag zwischen dem Auftraggeber und dem Anbieter zustande. Es gelten jeweils die auf der Website veröffentlichten Allgemeinen Geschäftsbedingungen.

**Gelöscht:**

#### Zustandekommen des Vertrages und Rücktritt

Der Vertrag kommt bei Einlieferung oder über die Bestellung im Onlineshop mit einer E-Mail-Bestätigung zustande. Das Annehmen oder Ablehnen eines Auftrags steht jedem Vertragspartner frei. Falls ein wichtiger Grund vorliegt, kann man vom Vertrag zurücktreten.

**Gelöscht:** -

**Gelöscht:** -

#### Leistungen

Drucksachen: Der Versand gedruckter Mitteilungen wird gegen geringere Gebühr ermöglicht. Die Mitteilungen werden ohne Adresse und unverschlossen an sämtliche Haushalte oder offene Geschäfte innerhalb eines Zustellbezirks ausgehändigt. Mindestmenge sind 20 000 Stück.

**Gelöscht:** 30 000

Mailing: Die Kataloge sind adressiert und ohne Briefhüllen versandfertig einzuliefern. Jedes Schreiben ist bis auf die Adresse identisch. Es kann jedoch eine individuelle Briefanrede eingebunden werden. Der Eindruck von verschiedenen Lieferanten oder Kundennummern ist nicht gestattet.

**Gelöscht:** Persönlich adressierte Werbesendungen müssen von Zustellern zugestellt werden. Falls vom Empfänger Werbesendungen durch Aufschrift am Briefkasten „Keine Werbung" abgelehnt werden, erfolgt keine Zustellung. Dies gilt auch für teiladressierte Sendungen, wie z. B. „Teilnehmer und Teilnehmerinnen des Prüfungsvorbereitungskurses, Münchener Straße 7 – 11,52062 Aachen".¶

**Formatiert:** Einzug: Links: 0 cm, Erste Zeile: 0 cm

Falls andere variable Textstellen gewünscht sind, ist dies gesondert mit der Kundenberatung abzusprechen.

Die Mindestmenge beträgt 5.000 Stück.

Mailings müssen nach der Postleitzahl sortiert werden.

Warensendung: Es dürfen Muster der verschiedenen Holzarten und Materialien versandt werden. Möglich sind auch verschiedene Schrauben oder anderes notwendiges Zubehör. Die Deklaration als Warensendung ist erforderlich und der Versand erfolgt offen.

**Kommentar [vv1]:** „Der Abholservice muss noch geklärt werden."

[1] Vertragsunterlagen sind fiktiv.

## Aufgabe 5

Web

### Zusammengeführtes Dokument

**Vertragsunterlagen (Auszug)**[1]

**Geltungsbereich**

Dieser Vertrag bezieht sich ausschließlich auf die von dem Auftraggeber hergestellten Mailings, Wurfsendungen und Warensendungen. Mit deren Einlieferung kommt ein Beförderungsvertrag zwischen dem Auftraggeber und dem Anbieter zustande. Es gelten jeweils die auf der Website veröffentlichten Allgemeinen Geschäftsbedingungen.

**Zustandekommen des Vertrages und Rücktritt**

Der Vertrag kommt bei Einlieferung oder über die Bestellung im Onlineshop mit einer E-Mail-Bestätigung zustande. Das Annehmen oder Ablehnen eines Auftrags steht jedem Vertragspartner frei. Falls ein wichtiger Grund vorliegt, kann man vom Vertrag zurücktreten.

**Leistungen**

Drucksachen: Der Versand gedruckter Mitteilungen wird gegen geringere Gebühr ermöglicht. Die Mitteilungen werden ohne Adresseanschriftlos und unverschlossen an sämtliche Haushalte oder offene Geschäfte innerhalb eines Zustellbezirks ausgehändigt. Mindestmenge sind 20 000 Stück.

Mailing: Die Kataloge sind adressiert und ohne Briefhüllen versandfertig einzuliefern. Jedes Schreiben ist bis auf die Adresse identisch. Es kann jedoch eine individuelle Briefanrede eingebunden werden. Der Eindruck von verschiedenen Lieferanten oder Kundennummern ist nicht gestattet.

Falls andere variable Textstellen gewünscht sind, ist dies gesondert mit der Kundenberatung abzusprechen.

Die Mindestmenge beträgt 40 000 Stück.

Mailings müssen nach der Postleitzahl sortiert werden.

Warensendung: Es dürfen Muster der verschiedenen Holzarten und Materialien versandt werden. Als Anlagen sind Inhaltsangaben und Prospekte erlaubt. Möglich sind auch verschiedene Schrauben oder anderes notwendiges Zubehör. Die Deklaration als Warensendung ist erforderlich und der Versand erfolgt offen.

[1] Vertragsunterlagen sind fiktiv.

**Kommentar [rr1]:** Bitte Rücksprache!

**Gelöscht:** Vertragsentwurf

**Formatiert:** Zeilenabstand: 1,5 Zeilen, Rahmen: Unten: (Einfache einfarbige Linie, Automatisch, 0,5 Pt. Zeilenbreite, Vom Text: 5 Pt. Rahmenabstand: )

**Formatiert:** Unten: 1,25 cm

**Gelöscht:**

**Gelöscht:** ¶

**Gelöscht:** -

**Gelöscht:** -

**Gelöscht:** 30 000

**Gelöscht:** Persönlich adressierte Werbesendungen müssen von Zustellern zugestellt werden. Falls vom Empfänger Werbesendungen durch Aufschrift am Briefkasten „Keine Werbung" abgelehnt werden, erfolgt keine Zustellung. Dies gilt auch für teiladressierte Sendungen, wie z. B. „Teilnehmer und Teilnehmerinnen des Prüfungsvorbereitungskurses, Münchener Straße 7 – 11,52062 Aachen".¶

**Formatiert:** Einzug: Links: 0 cm, Hängend: 3 cm

**Gelöscht:** 5

**Kommentar [vv2]:** „Der Abholservice muss noch geklärt werden.

**Gelöscht:** .

**Formatiert:** Schriftart: Times New Roman, 12 Pt., Schriftartfarbe: Automatisch, Muster: Transparent

**Gelöscht:** Dieser Vertrag ist

# Teil C: Meilensteine und Stolpersteine – Weiterführende Lösungshinweise zu den Aufgaben

## Prüfung 4 Versandkosten ermitteln und optimieren

**Textverarbeitung oder Tabellenkalkulation**

- Ausgangspost versandfertig machen
- Kosten für den Versand ermitteln

**Tabellenkalkulation**

- Angebotsvergleich der Versandanbieter durchführen
- Angebotsvergleich grafisch aufbereiten

**Textverarbeitung**

- vorliegende Vertragsunterlagen überarbeiten
- Änderungsvorschläge mehrerer Mitarbeiter zusammenfassen



### Aufgabe 1 (Stand: Juli 2015)

Die Lösung basiert auf einer Word-Tabelle und ist gemäß der DIN 5008 gestaltet. Da die Berechnungen in Word weniger komfortabel sind, könnte man die Tabelle zunächst in Excel erstellen und dann in Word über den Zwischenspeicher übertragen.

Web

### Herleitung der Papiergrößen und des Gewichts

Die Größe eines Papierformates bzw. eines gefalzten Schreibens und die damit einhergehende passende Briefhülle sind der DIN 476 zu entnehmen. Es wird in der sog. A-Reihe das Ausgangsformat A0 erläutert und beschrieben, wie man zum nächstkleineren Papierformat gelangt. Ebenso werden die Größen für die Briefhüllenformate der B-Reihe, C-Reihe und D-Reihe festgelegt. Dabei gilt, dass die C-Reihe die kleinere und somit die B-Reihe die größere Formatreihe ist (DL = DIN lang = 1/3-A4).

Die Gewichtsangabe von 70 g/m² bzw. 80 g/m² bezieht sich auf das Ausgangsformat A0, das mit seinen genormten Seiten von 841 mm × 1.189 mm einem Quadratmeter Papier entspricht. Halbiert man die längere Seite, gelangt man zum nächstkleineren Format A1. Das A0-Format enthält somit zwei A1-Formate. Dieses Verfahren setzt man fort, bis man das A4-Format erreicht hat. So ergibt sich, dass das A0-Format 16 A4-Blätter enthält. Das A4-Format ist 210 × 297 mm groß. Teilt man 70 g/m² durch 16, erhält man das Gewicht eines A4-Blattes: 4,375 g; bei 80 m² sind es 5 g.

Als Berechnungsgrundlage dient die Gebührenordnung „Leistungen und Preise“ (Stand: Januar 2015), als Download verfügbar unter: www.deutschepost.de/preise.

## Erläuterungen zu den Berechnungen

- Das Schreiben an die Meteorit AG wird büroüblich in Leporello-Technik gefalzt und in einer Briefhülle mit einer Größe von DIN DL versandt.
- Ein Faltblatt entspricht einem Gewicht von 4,375 g; insgesamt sind es 437,5 g. Aufgrund der Höhe ist es als Großbrief zu versenden.
- Zur Berechnung der Versandkosten von 4.500 Katalogen liegt folgende Formel zugrunde: (750 g – 100) · 0,046 + 67 ct + 19 %. Das entspricht 1,1495 €, gerundet 1,15 € pro Katalog.
- Die 55 Einladungen sind per Infopost (inhaltsgleiche Sendungen) zu verschicken. Zu den ausgewiesenen 0,28 € ist die USt. von 19 % hinzuzurechnen; das Ergebnis ist 0,3332 €. Das Ergebnis wird zur Berechnung des Gesamtergebnisses nicht gerundet; somit ergibt sich ein Betrag von 18,33 €.
- Es ist zu beachten, dass die Zustellung einer Kündigung per Einschreiben (Rückschein) versandt werden muss. Der Arbeitgeber muss den Erhalt des Schreibens nachweisen können.[1] Zu den Versandkosten eines Standardbriefes von 0,62 € werden die Zuschläge von 2,15 € für das Einschreiben und 1,80 € für den Rückschein berechnet.

## Aufgabe 3

### Allgemeines zur Benennung von Bereichen – Namens-Manager

Die Matrix des SVERWEISES ist hier ein festgelegter Bereich, auf den sich, auch nach dem Kopieren, bezogen wird.

In der Aufgabe 3.1 ist es der Bereich mit den Zellen A2–D5 im Tabellenblatt „Preise“. Dieser Bereich soll nun mit dem Namen „PR” benannt werden.

Folgende Schritte sind dafür notwendig:

1. Der Bereich wird mit der Maus markiert.
2. Der Name des Bereiches „PR“ wird in das Namenfeld eingetragen.

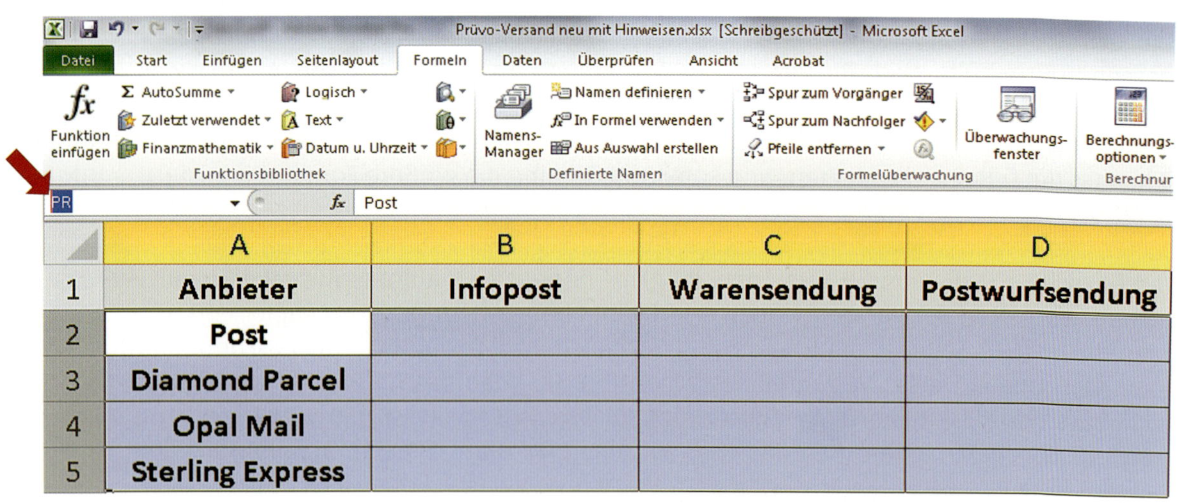


---

[1] *Das Thema „Zustellung von Kündigungen“ gehört in das Lernfeld 8 und ist hier an dieser Stelle nicht prüfungsrelevant. Es sei hier wegen der besonderen Zustellform erwähnt.*

**3.** Bei Änderungen des Bereiches oder des eingetragenen Textes im Namenfeld wird der Namens-Manager mit dem Shortcut Strg+F3 oder über die Befehlsleiste aufgerufen.

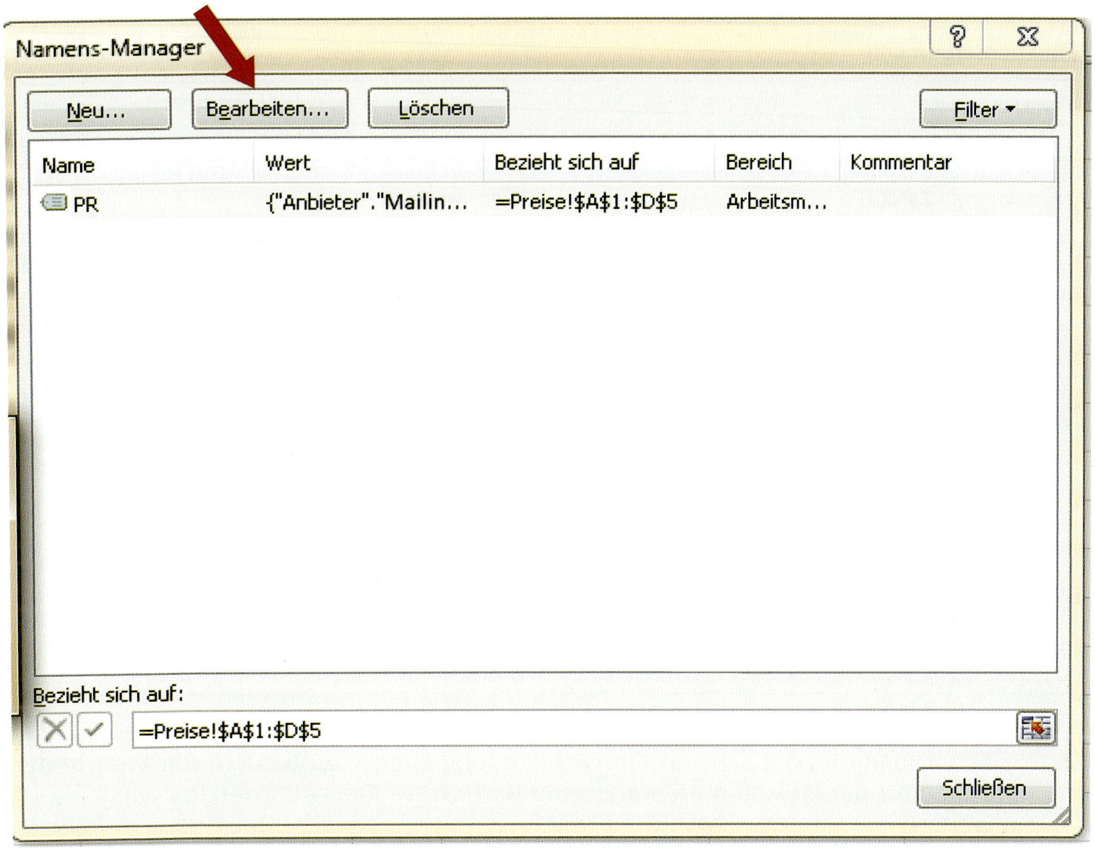


## Aufgabe 3.3

### Weiterführendes zur Kombination der WENN-Funktion mit anderen Funktionen

Der Text „Günstigster" soll bei dem preiswertesten Anbieter in der Zeile 6 erscheinen, sonst der Text „Zu teuer".

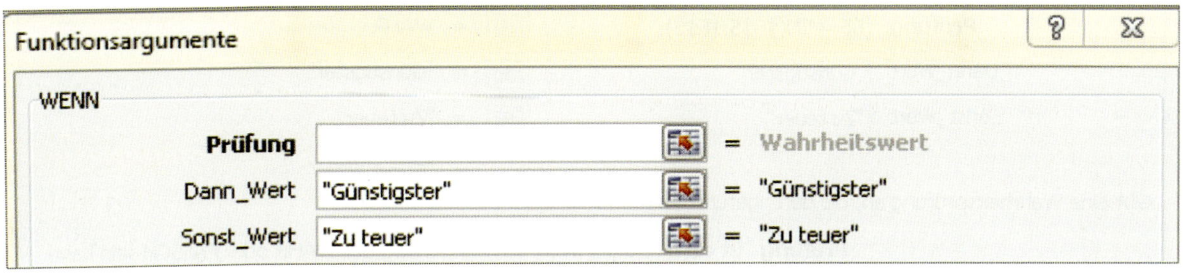


Die richtige Frage zu stellen, ist jetzt die Aufgabe. Hierzu baut man nun die Frage in zwei Schritten auf:

**1.** Welcher ist der günstigste Betrag in der Zeile 5?
Die MIN-Funktion liefert schnell den Wert.

MEILEN STEIN

4

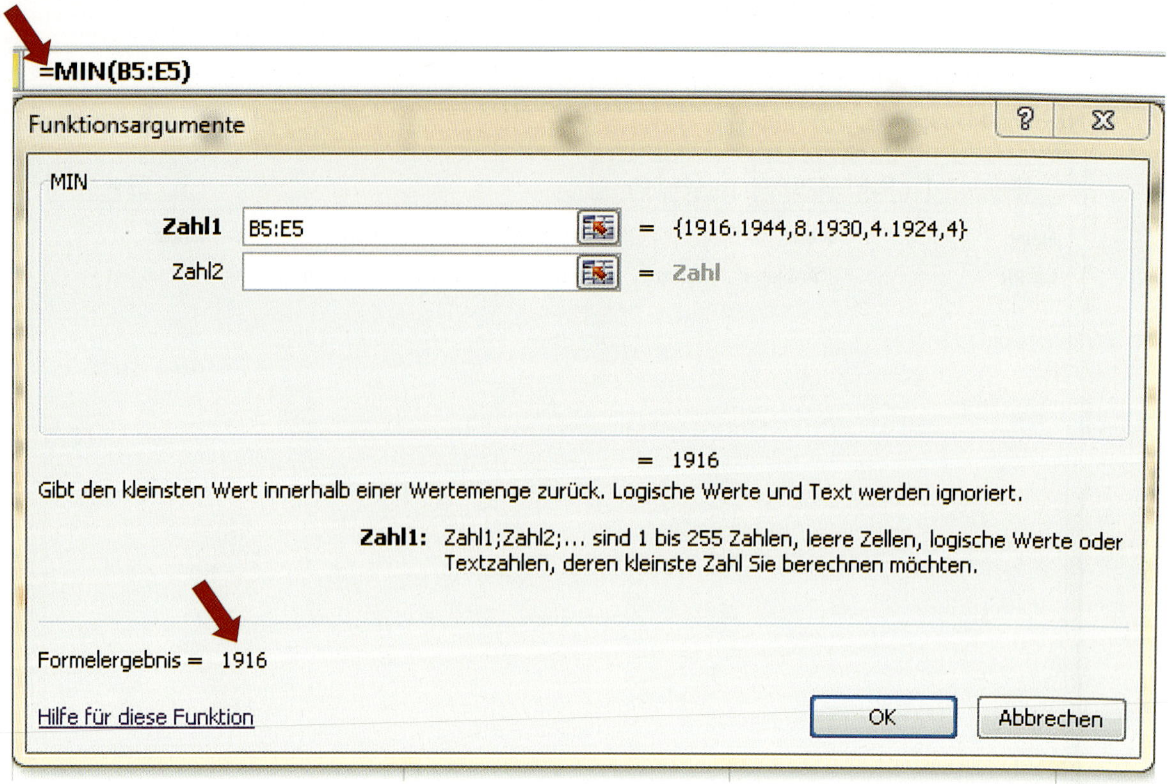


**2.** Kennt man nun die Zahl, ist die Fragestellung einfach. Entspricht der Wert in der Zelle dem Wert der kleinsten im markierten Bereich, so erscheint der Text aus dem Dann_ Wert.

Hier wäre es der Text „Günstigster“.

In der Aufgabe 3.3 ist B5 gleich dem kleinsten Wert aus dem Bereich B5–E5 (dieser muss festgesetzt werden oder mit Namen benannt werden). So ist das Formelergebnis „Günstigster“.

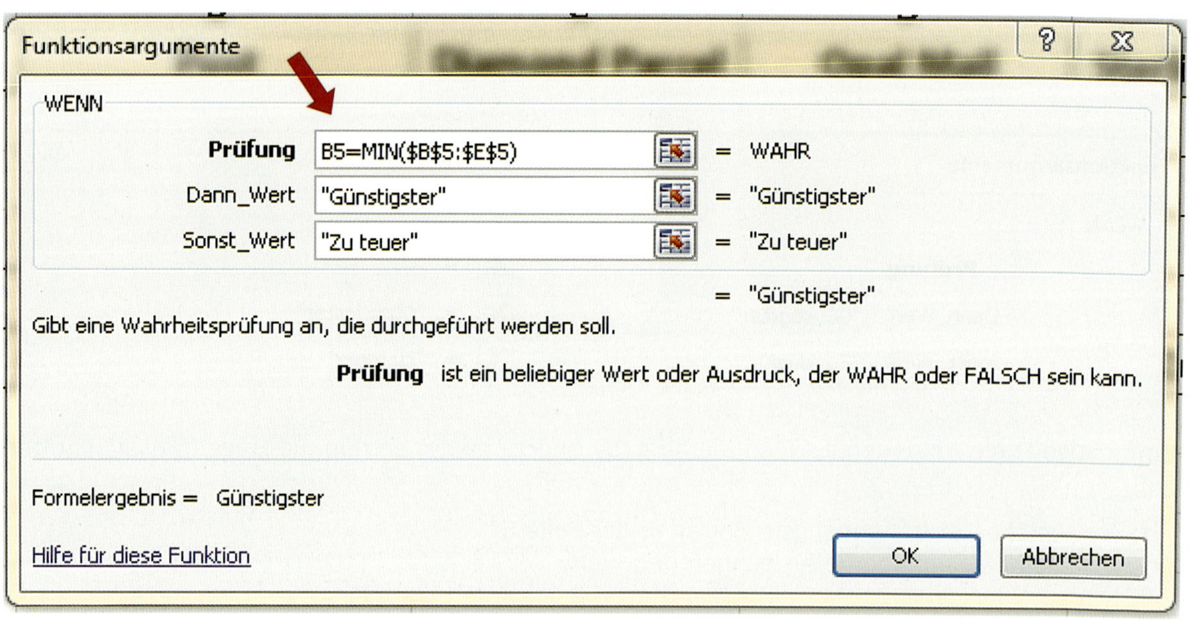

## Fehlerquellen bei der Funktion SVERWEIS

Ein in der Unterrichtspraxis häufig vorkommender Fehler ist – trotz richtiger Formel – folgendes Bild:

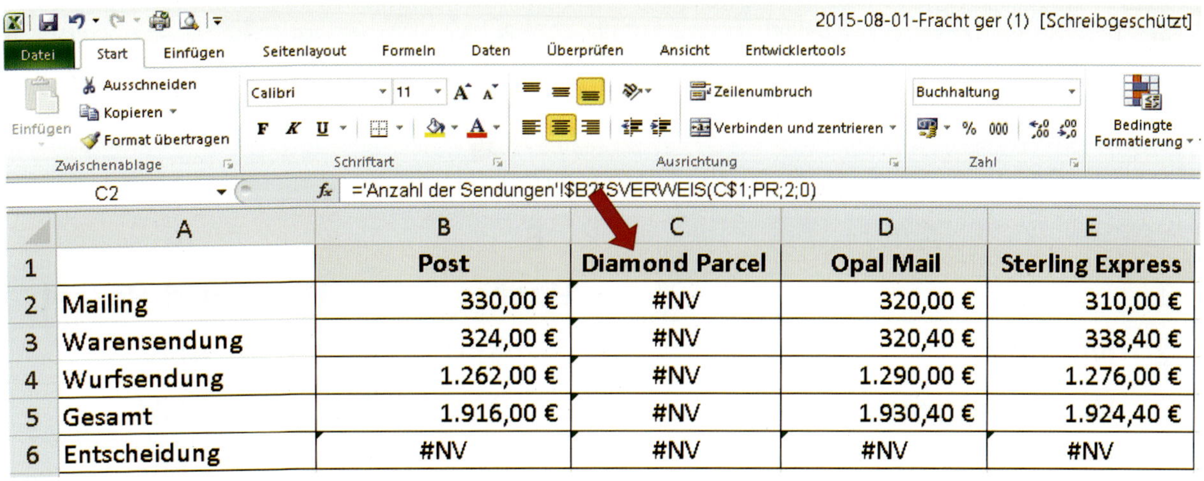


| | A | B | C | D | E |
|---|---|---|---|---|---|
| 1 | | Post | Diamond Parcel | Opal Mail | Sterling Express |
| 2 | Mailing | 330,00 € | #NV | 320,00 € | 310,00 € |
| 3 | Warensendung | 324,00 € | #NV | 320,40 € | 338,40 € |
| 4 | Wurfsendung | 1.262,00 € | #NV | 1.290,00 € | 1.276,00 € |
| 5 | Gesamt | 1.916,00 € | #NV | 1.930,40 € | 1.924,40 € |
| 6 | Entscheidung | #NV | #NV | #NV | #NV |



Im Beispiel ist das Suchkriterium des SVERWEISES nicht vorhanden. Liegt kein Rechtschreibfehler vor und ist der Name „Diamond Parcel" in der Liste vorhanden, bleibt nur noch ein „fieser" Fehlerteufel.

**Im Diagrammassistenten kann man Folgendes kontrollieren:**

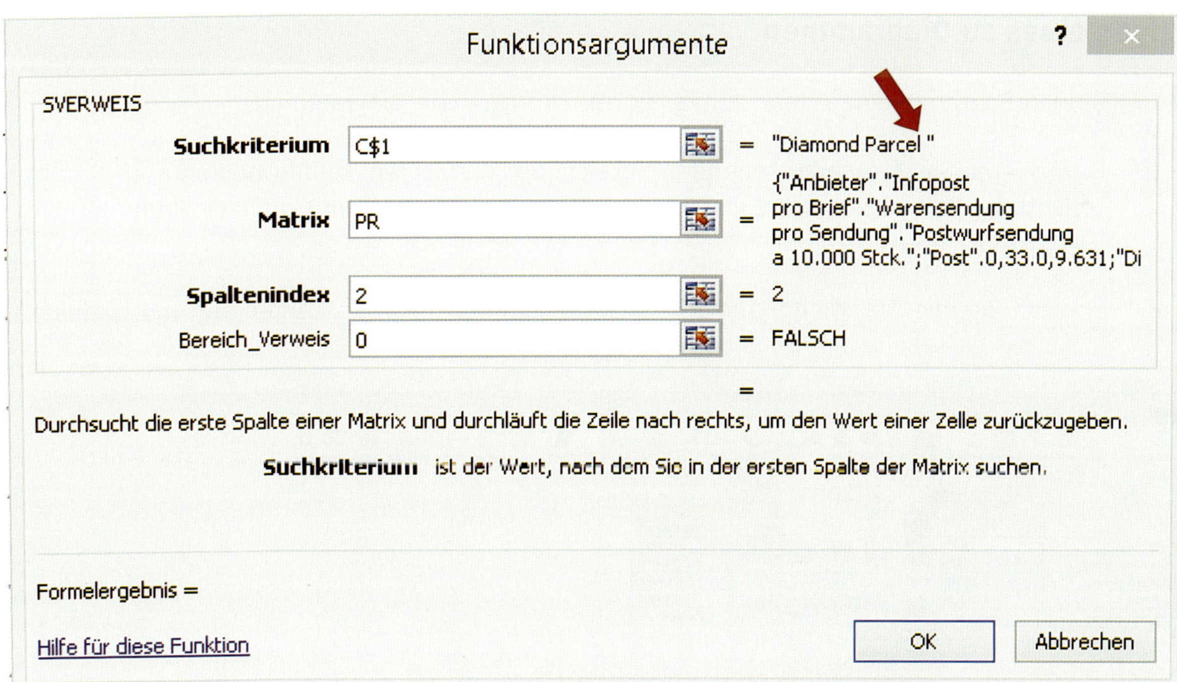


Das zweite Anführungszeichen bei Diamond Parcel steht nicht direkt hinter dem Wort. Es ist also bei der Eingabe des Wortes noch ein Leerzeichen eingefügt worden. In der automatisierten Erfassung von Wörtern und Texten passiert das häufig unbewusst. Auf diesen Fehler wollten wir in dieser Aufgabe durch eine selbstständige Erfassung aufmerksam machen.

In der Bearbeitungszeile sieht es dann so aus:

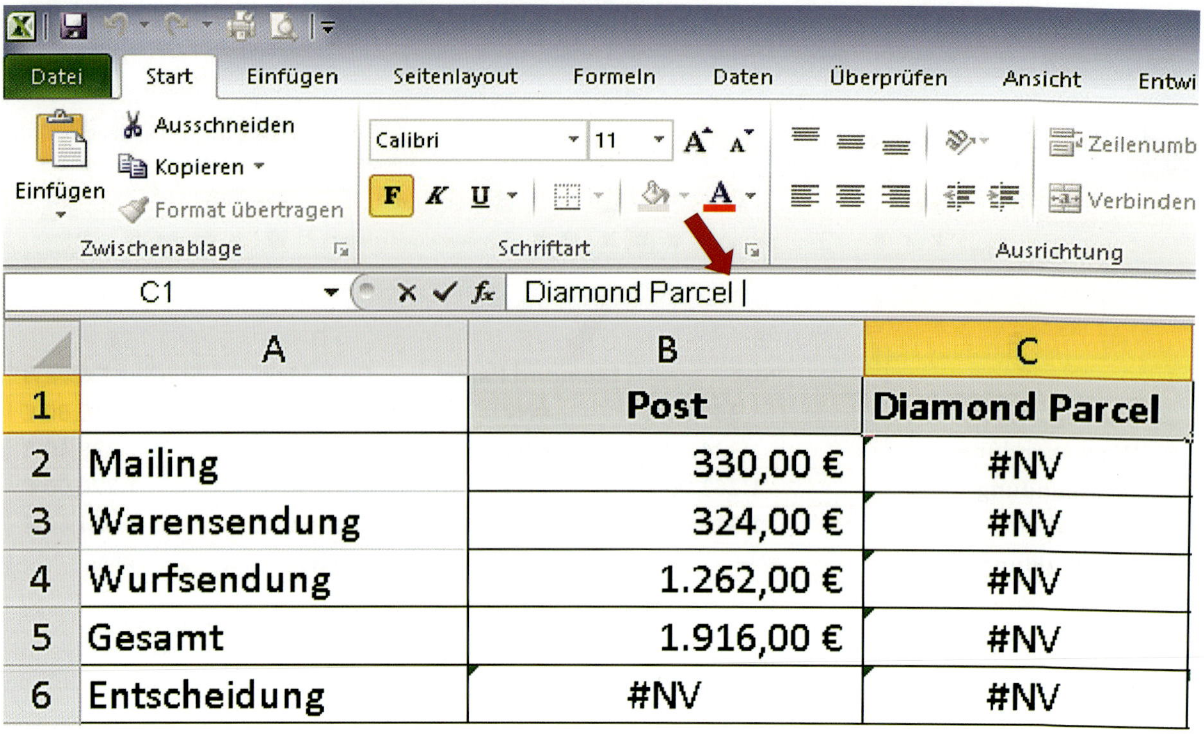


Durch Löschen des Leerzeichens ist der Fehler behoben.

## Allgemeines zu Diagrammen

Mit folgenden Schritten kommt man zum sicheren Einfügen von Diagrammen:

1. Markieren Sie den darzustellenden Bereich: nur die Zahlen, keine Überschriften. **Achtung!** Vereinzelt kommt es zu fehlerhafter Darstellung, wenn Überschriften markiert werden.

2. Rufen Sie über das Menüband „Einfügen/Diagramm" den Assistenten auf und wählen Sie das gestapelte 3-D-Säulendiagramm aus.

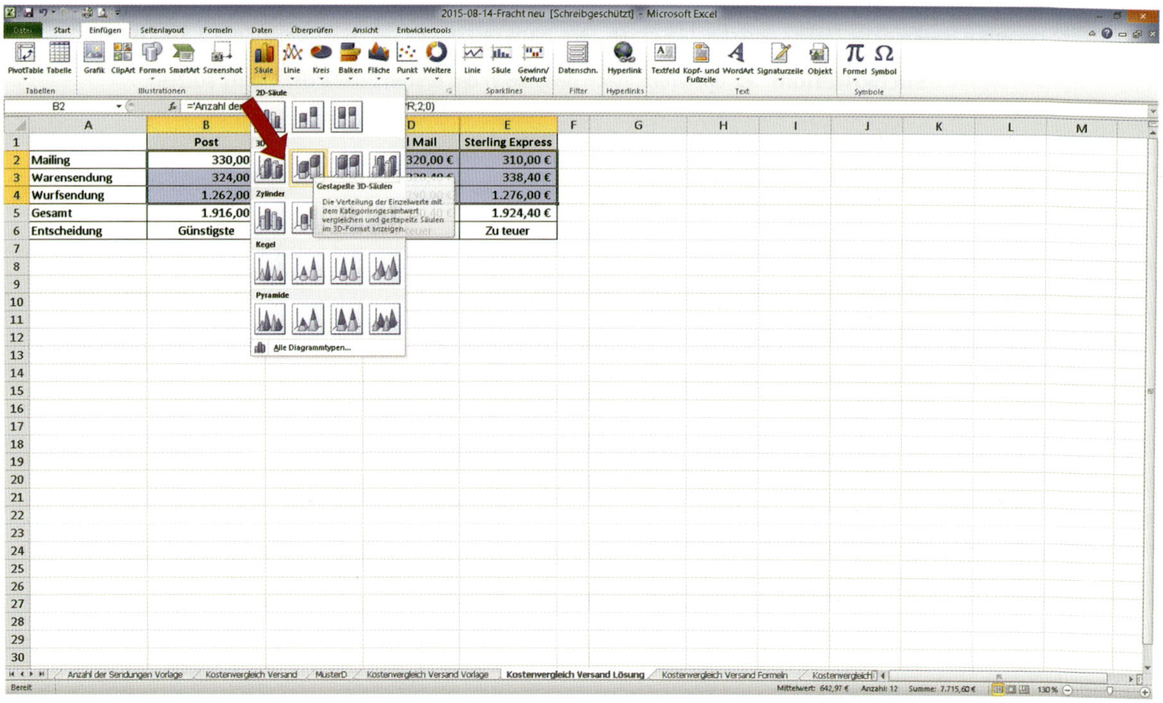

**3.** Positionieren Sie das vorläufige Diagramm bündig zur vorhandenen Tabelle.[1]

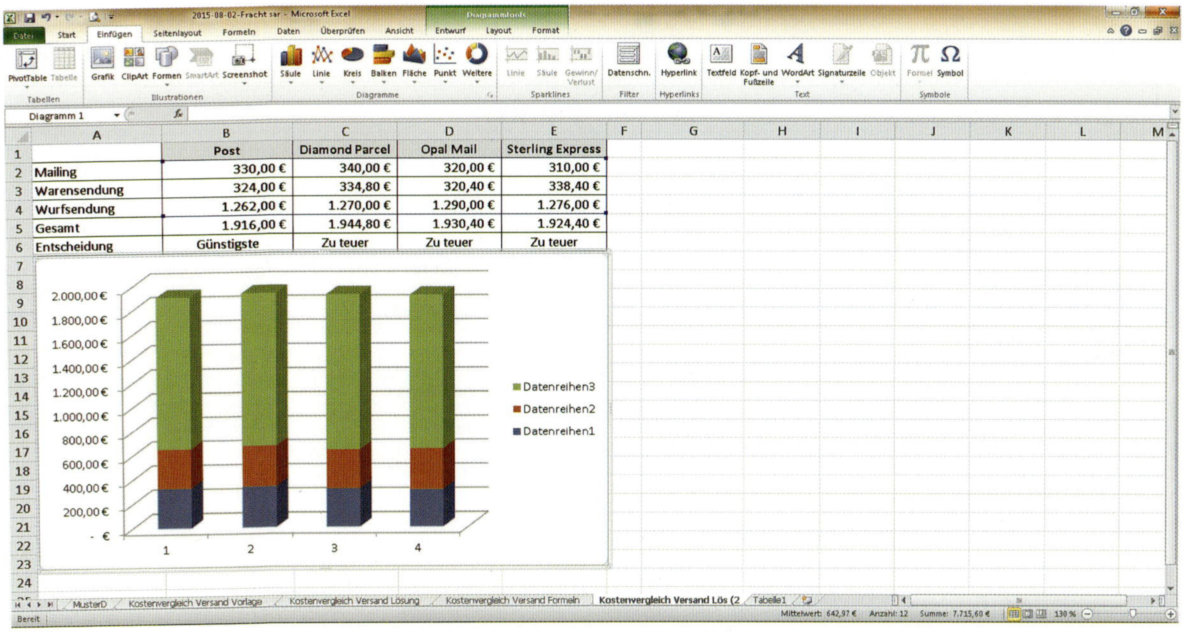


**4.** Wählen Sie in dem Menüband „Diagrammtools/Entwurf/Daten auswählen“ in den Legendeneinträgen (Reihen) die Datenreihe 1 aus. Anschließend klicken Sie auf A2 und bestätigen Sie. „Mailing“ erscheint.

Wiederholen Sie diesen Vorgang für die Datenreihen 2 und 3.

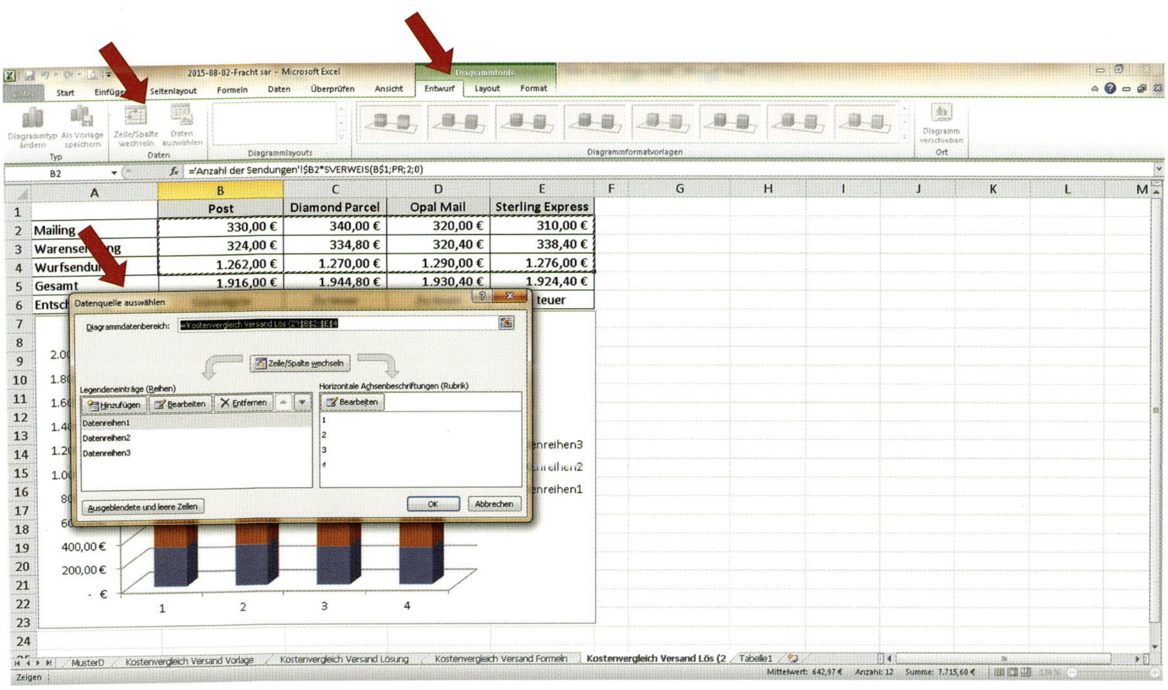


[1] *In den Prüfungen der AKA und HWK wird auf die Gestaltung und das Layout geachtet; in den Korrekturbögen sind bis zu 10 % vorgesehen.*



4

**5.** Der nächste Schritt ist das Auswählen der horizontalen Achsenbeschriftung: A1–E1 auswählen und bestätigen. Für die Aufgabe 3.4 ergibt sich folgendes Bild:

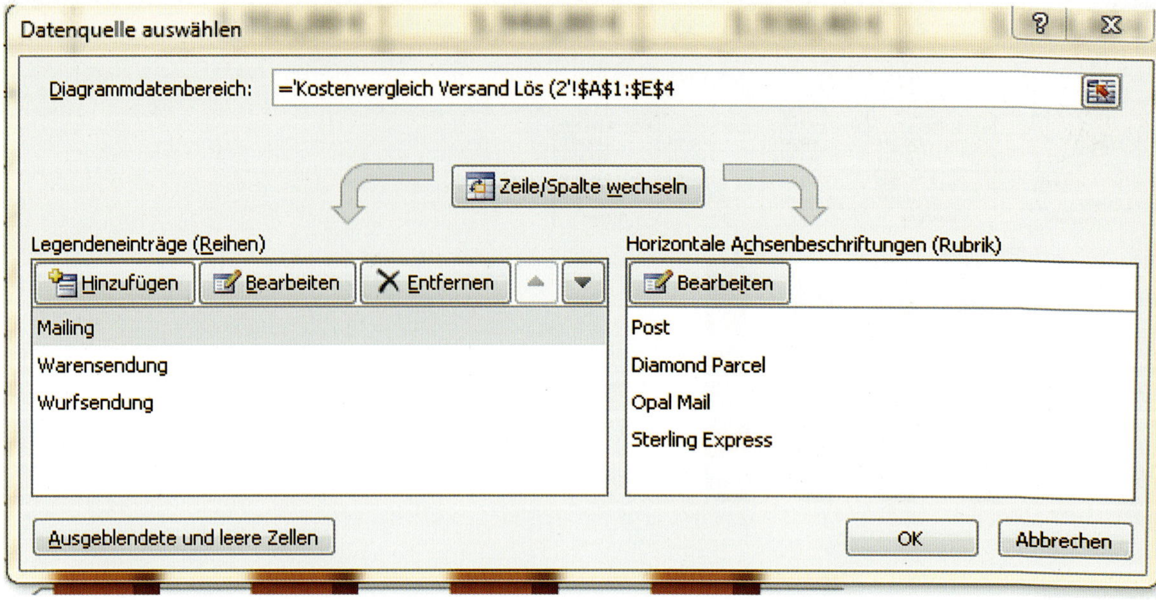


MEILEN STEIN

**6.** Der Diagrammtitel und die Achsentitel können abschließend mit den Diagrammtools eingefügt und später auch verändert werden.

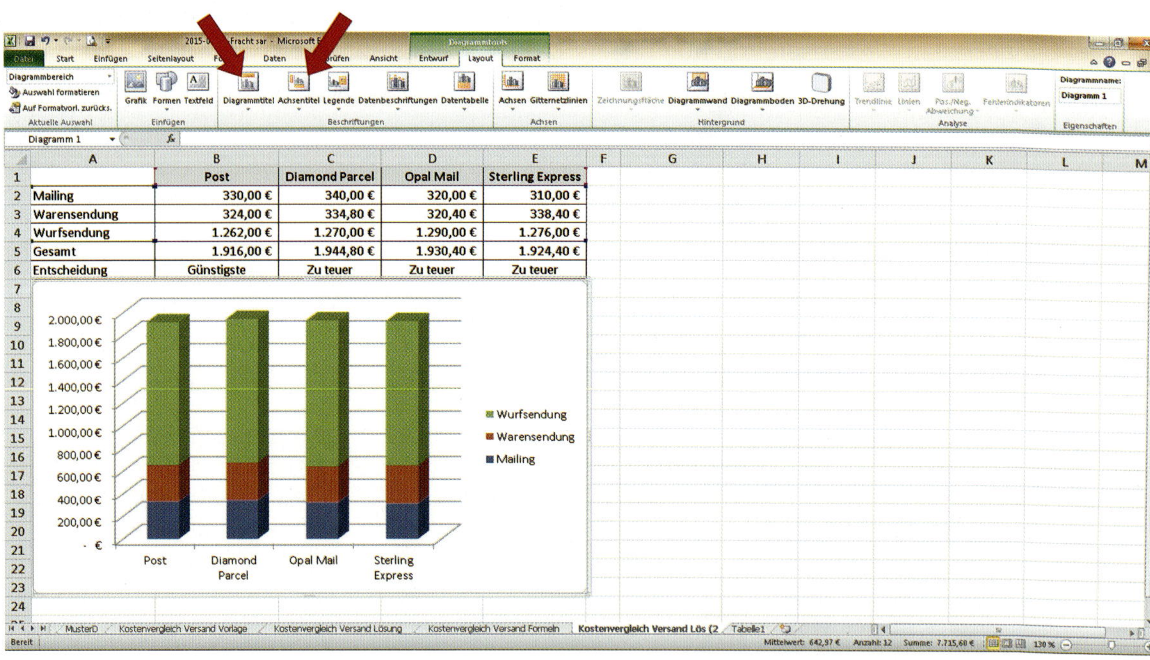

| | Post | Diamond Parcel | Opal Mail | Sterling Express |
|---|---|---|---|---|
| Mailing | 330,00 € | 340,00 € | 320,00 € | 310,00 € |
| Warensendung | 324,00 € | 334,80 € | 320,40 € | 338,40 € |
| Wurfsendung | 1.262,00 € | 1.270,00 € | 1.290,00 € | 1.276,00 € |
| Gesamt | 1.916,00 € | 1.944,80 € | 1.930,40 € | 1.924,40 € |
| Entscheidung | Günstigste | Zu teuer | Zu teuer | Zu teuer |

## Aufgabe 4

Damit die Überarbeitungen den jeweiligen Bearbeitern zugeordnet werden können, ist es sinnvoll, den Benutzernamen und die Initialen zu ändern.

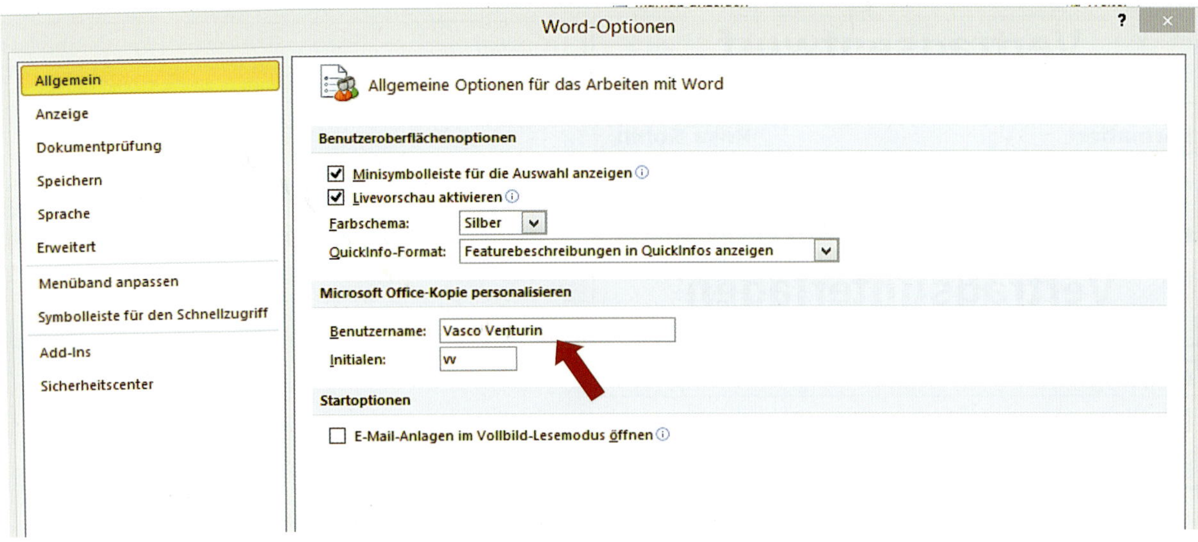


Nur dann wird in der QuickInfo bzw. im Überarbeitungsmodus der Bearbeiter angezeigt.

Wählt man im Pull-down-Menü „Markup anzeigen, Sprechblasen, Überarbeitungen in Sprechblasen anzeigen" aus, wird jede Änderung am rechten Rand dokumentiert. Die QuickInfo zeigt an, wer wann welche Änderung eingegeben hat.

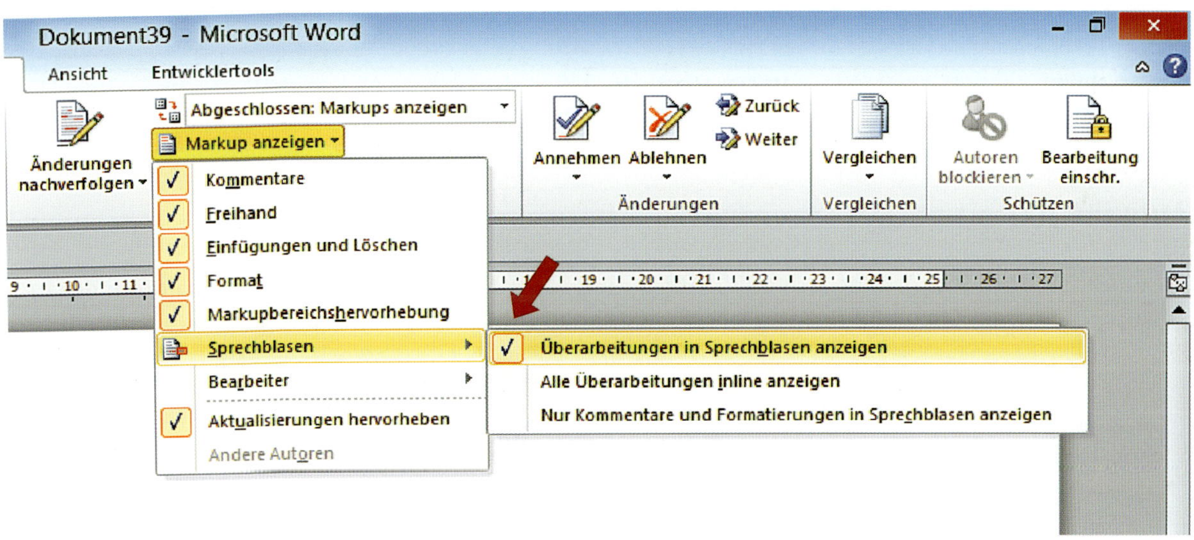

Anzeige im Überarbeitungsbereich aus der Lösungsdatei (s. Aufgabe 5):

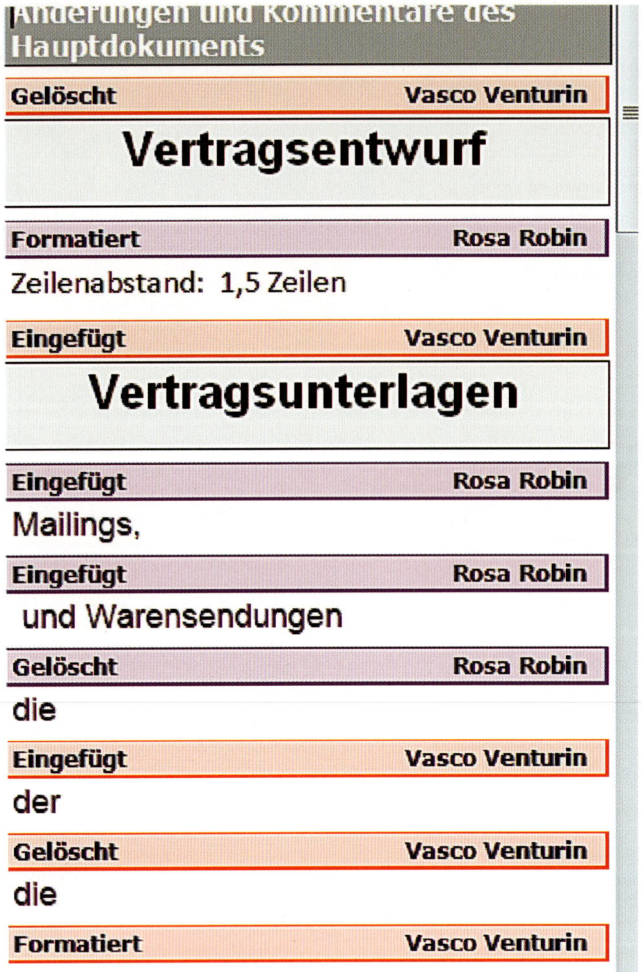


## Aufgabe 5

Arbeiten mehrere Mitarbeiter an einem Dokument, kann man diese Dateien kombinieren. Voraussetzung hierfür ist, dass die Dateien unterschiedliche Dateinamen haben.

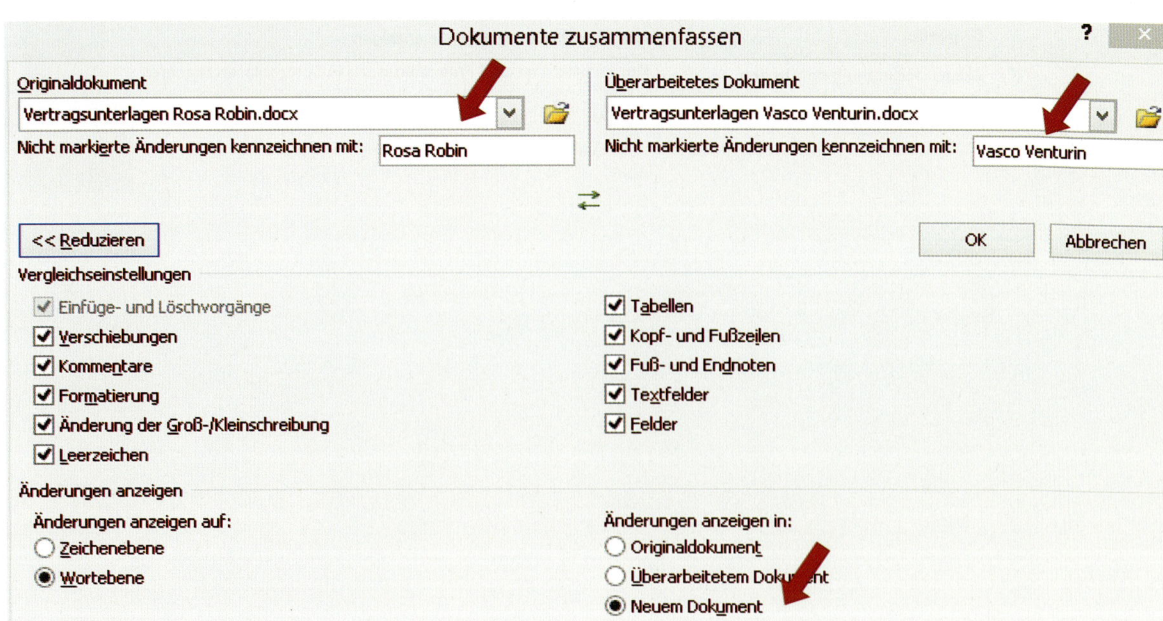

Für die Lösung spielt es keine Rolle, welche von beiden Dateien das Originaldokument ist. Wechselt man das Originaldokument mit dem überarbeiteten Dokument aus, erhält man das gleiche Arbeitsergebnis.

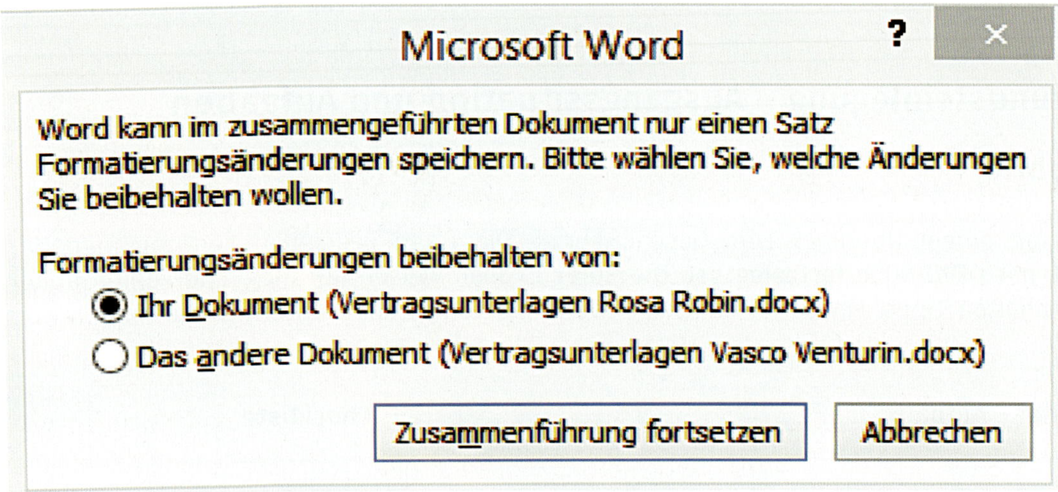


Auch hier kann man die Dateien noch einmal austauschen.

# DIN-Fundament – Basiswissen zum Geschäftsbrief gemäß DIN 5008

## Teil A: Grundsteinlegung – Ausgangssituation und Aufgaben

### Geschäftsbrief

Starten wir mit einem Überblick zum Geschäftsbrief. Die roten Leerzeilen kennzeichnen den Abstand, der nach DIN 5008 festgelegt ist. Die Sprechblasen weisen auf mögliche Fehlerquellen hin oder beinhalten Tipps. Eine Brief-Checkliste befindet sich in der rechten Tabelle neben dem Brief.

**Geschäftsbrief – Aufbau:**

Prüvo GmbH

Prüvo GmbH Büromöbel

¶
¶
¶
¶
Prüvo GmbH, Münchener Straße 7 – 11, 52062 Aachen¶
Achatis GmbH & Co. KG¶
Frau Renate Bellcher¶
Finkenweg 5¶
54411 Hermeskeil

(Nennung des Sachbearbeiters hier und in der Briefanrede.)

¶
Ihr Zeichen: rb¶
Ihre Nachricht vom: 11.01.20xx¶
Unser Zeichen: vk-vv¶
Unsere Nachricht vom:¶
¶
Name: Frau Viandit¶
Telefon: 0241 5869-600¶
Telefax: 0241 5869-444¶
E-Mail: viandit-verkauf@pruevo-gmbh.de¶
¶
Datum: 12.01.20xx

**Angebot Nr. 1 – 500 Schreibtische¶**

(Der Betreff beinhaltet immer auch, was angeboten, bestellt .... wird.)

¶
¶
Sehr geehrte Frau Bellcher,¶
¶
vielen Dank für Ihre Anfrage. Gerne unterbreiten wir Ihnen folgendes Angebot:¶

(Die Kommunikationsdaten (Datum der Anfrage) genügen im Infoblock.)

(„Erste Person Plural“)

¶
- 500 Schreibtische der Marke „Siderit“ in Buche¶
- Größe von 200 × 70 × 75 cm¶
- 399,00 € pro Schreibtisch¶

(Aufzählungen beginnen in der Fluchtlinie des Briefes.)

¶
Als Liefertermin haben wir uns die 15. Kalenderwoche notiert.¶
¶
Wir erwarten Ihre Zahlung innerhalb von 30 Tagen. Zahlen Sie innerhalb von acht Tagen, gewähren wir Ihnen 2 % Skonto.¶

(Das Prozentzeichen steht für ein Wort: Leerzeichen setzen)

¶
Wünschen Sie weitere Informationen? Rufen Sie uns an oder schreiben Sie uns eine E-Mail.¶
¶
Wir freuen uns auf Ihren Auftrag.¶

(Der Brieftext schließt mit einem vollständigen Satz.)

¶
Freundliche Grüße¶
¶
Prüvo GmbH¶
¶
¶
¶
Vera Viandit¶

¶

| | | | | |
|---|---|---|---|---|
| Prüvo GmbH¶<br>Münchener Straße 7 – 11¶<br>52062 Aachen¶<br>Steuer-Nr.: 32/342/43768¶<br>USt-IdNr.: DE865945748 | Geschäftsführerin:¶<br>Dr. Stefanie Steiner¶<br>¶<br>HRB 8894¶<br>Amtsgericht Aachen | Telefon:¶<br>Fax:¶<br>¶<br>Internet:¶<br>E-Mail: | 0241 5869-0¶<br>0241 5869-444¶<br>¶<br>www.pruevo-gmbh.de¶<br>info@pruevo-gmbh.de | Bankverbindung:¶<br>Sparkasse Aachen¶<br>¶<br>BIC AACSDE33XXX¶<br>IBAN DE08 3905 0000 0152 3567 88 |

¶

**Checkliste:**

| |
|---|
| Briefkopf: 2,7 oder 4,5 cm hoch |
| Integriertes Anschriftfeld:<br>4,5 cm hoch und 8,5 cm breit.<br>Für den Beginn des Infoblocks gilt das Anschriftfeld von 4 cm Höhe (s. rote Linie). |
| Aufgaben zum Anschriftfeld s. folgende Seiten |
| Aufbau zum Infoblock s. folgendes Informationsblatt |
| Abstand zwischen Anschriftfeld bzw. Infoblock und Betreff:<br>8,46 mm (0,85 cm) oder zwei Leerzeilen |
| Zwischen den Absätzen wird immer eine Leerzeile gesetzt = zweimalschalten (s. rot gekennzeichnete Absatzschaltungen). |
| Aufgaben zum Briefschluss: s. folgende Seiten |

## Formulierungen

Ein Tipp zum Formulieren: Schreiben Sie so, als wenn Sie ein Telefongespräch führen. Schreiben Sie direkt, aber höflich. Trauen Sie sich, Fragen zu formulieren.

Beurteilen Sie selbst:

| ☹ | | ☺ |
|---|---|---|
| Hiermit teilen wir Ihnen mit, dass wir die Ware vorrätig haben. | ⟶ | Die Ware haben wir vorrätig. |
| Wir bitten Sie, uns mitzuteilen, ob Sie mit dem Angebot einverstanden sind. | ⟶ | Sind Sie mit unserem Angebot einverstanden? |

### Mittendrin: Aufgaben

Für die folgenden Aufgaben werden Anschriftfelder in der Größe von 4,5 cm × 8,5 cm benötigt und über die Tabellenfunktion eingerichtet. Jede Tabellenzelle entspricht der Größe eines Anschriftfeldes. Zwei Anschriftfelder passen auf einem A4-Blatt nebeneinander.

**1 Anschriften**

**1.1 Einfache Empfänger-Anschriften (persönliche Anschriften)**

Sie benötigen 24 Anschriftfelder. Richten Sie eine Tabelle mit zwei Spalten und zwölf Zeilen ein. Schreiben Sie in die erste Spalte die Anschriften mit integrierter Rücksendeangabe und in die zweite Spalte mit nicht integrierter Rücksendeangabe. Erstellen Sie die folgenden Anschriften:

<u>Schwerpunkt: Grundlagen und Beförderungsmerkmal</u>
- Frau Ute Fischer, Europastraße 10, 58091 Hagen
- Einschreiben – Rückschein, Herrn Harald Schuster, An den Stümpen 48, 49080 Osnabrück

<u>Schwerpunkt: Unterscheidungen bei den Hausnummern</u>
- Eheleute Petra und Fritz Scholten, Gerichtsstraße 7, 5. Stockwerk, 97072 Würzburg
- Herrn Otto Schön, Römerweg 7, Wohnung 10, 76048 Frankfurt
- Herrn Norbert Jansen, Maiplatz 20, 8. Stockwerk, Wohnung 10, 10061 Berlin
- Frau Christa Hitsch, Tulpenweg 1 – 3, Gebäudeteil rechts, 30003 Hannover

<u>Schwerpunkt: Berufsbezeichnungen und akademische Grade</u>
- Herrn Rechtsanwalt Otto Sommer, Karl-Diehl-Ring 7, 76228 Karlsruhe
- Büchersendung, Herrn Dr. Otto Sommer, Leonard-Eck-Str. 7, 76228 Karlsruhe
- Nicht nachsenden!, Herrn Rechtsanwalt Dr. Otto Sommer, Leonard-Eck-Str. 7, 76228 Karlsruhe
- Herrn Studienrat Egon Fischer M. A., Hinter der Alten Kirche 10, 76228 Karlsruhe

<u>Weitere Besonderheiten: Ergänzung von Stadtteilen und zur Untermietung</u>
- Frau Regierungsoberinspektorin Monika Bergwalder, Weberstr. 2, 50937 Köln-Mülheim
- Herrn Hermann Winkler, zz. Kurhaus „Erika", Sonnenweg 3, 01609 Lichtensee



Gertsen/Sauer: Bausteine zum Erfolg © Bildungsverlag EINS GmbH

Web

## Firmenanschriften

| | |
|---|---|
| ¶<br>¶<br>¶<br>¶<br>Prüvo GmbH, Münchener Straße 7 – 11, 52062 Aachen¶<br>Möbelzubehör¶<br>Goldlauch OHG¶<br>Postfach 1 41 03¶<br>52849 Heidelberg¶ | ¶<br>¶<br>¶<br>¶<br>Prüvo GmbH, Münchener Straße 7 – 11, 52062 Aachen¶<br>Goldlauch OHG¶<br>Postfach 1 41 03¶<br>52849 Heidelberg¶ |
| ¶<br>¶<br>¶<br>¶<br>Prüvo GmbH, Münchener Straße 7 – 11, 52062 Aachen¶<br>Ludger Schafer e. Kfm.¶<br>Postfach 1 41 03¶<br>52849 Heidelberg¶ | ¶<br>¶<br>¶<br>Prüvo GmbH, Münchener Straße 7 – 11, 52062 Aachen¶<br>Einschreiben – Rückschein¶<br>Großhandlung¶<br>Inka AG¶<br>Abt. Buchhaltung¶<br>Postfach 6 07¶<br>20095 Hamburg¶ |
| ¶<br>¶<br>¶<br>¶<br>Prüvo GmbH, Münchener Straße 7 – 11, 52062 Aachen¶<br>Großhandlung¶<br>Inka AG¶<br>Herrn Rudolf Gallen¶<br>Postfach 6 07¶<br>20095 Hamburg¶ | ¶<br>¶<br>¶<br>¶<br>Prüvo GmbH, Münchener Straße 7 – 11, 52062 Aachen¶<br>Herrn¶<br>Rudolf Gallen¶<br>Inka AG¶<br>Postfach 6 07¶<br>20095 Hamburg¶ |
| ¶<br>¶<br>¶<br>Prüvo GmbH, Münchener Straße 7 – 11, 52062 Aachen¶<br>Express¶<br>Amtsgericht Emmerich¶<br>Grundbuchamt¶<br>Seufzerallee 20¶<br>46446 Emmerich am Rhein¶ | ¶<br>¶<br>¶<br>¶<br>Prüvo GmbH, Münchener Straße 7 – 11, 52062 Aachen¶<br>Stadtsparkasse Emmerich-Rees¶<br>Personalabteilung¶<br>Postfach 17 20¶<br>46446 Emmerich am Rhein¶ |

## Auslandsanschriften

| | |
|---|---|
| Prüvo GmbH, Münchener Straße 7 – 11, 52062 Aachen<br>Herrn<br>Johann Schreiber<br>Kärntner Str. 14<br>4020 LINZ<br>ÖSTERREICH | Prüvo GmbH, Münchener Straße 7 – 11, 52062 Aachen<br>Madame<br>Janine COUDERC<br>34 rue du Midi<br>31400 TOULOUSE<br>FRANKREICH |

Die Angaben zum Ort und zum Land sind in Großbuchstaben zu schreiben.

## Aufgabe 2

Die Einträge in Farbe kennzeichnen in den drei Briefen die Positionen im Infoblock.

- Der Sachbearbeiter der Prüvo GmbH, Kurt Kies, schreibt eine Anfrage am 15.01.20xx.
- Wir erhalten am nächsten Tag das Angebot von unserem Lieferanten. Die Sachbearbeiterin heißt Ulla Urbanus (Diktatzeichen: urb, Telefondurchwahl: 475, E-Mail-Adresse: urbanus@jadeohg.de).
- Kurt Kies schreibt sofort die Bestellung.

In der Regel werden die Diktatzeichen in Kleinbuchstaben geschrieben, deshalb setzt man zur Verbindung der Zeichen des Diktanten und des Schreibers einen Mittestrich; werden Großbuchstaben gewählt, setzt man vorzugsweise den Schrägstrich.

| | |
|---|---|
| Prüvo GmbH, Münchener Straße 7 – 11, 52062 Aachen<br>Jade OHG<br>Moritzgasse 4<br>87459 Pfronten | Ihr Zeichen:<br>Ihre Nachricht vom:<br>Unser Zeichen: ek-kk<br>Unsere Nachricht vom:<br><br>Name: Kurt Kies<br>Telefon: 0241 5869-330<br>Telefax: 0241 5869-444<br>E-Mail: kies-einkauf@pruevo-gmbh.de<br>Internet: www.pruevo-gmbh.de<br><br>Datum: 20xx-01-15 |
| | |

Der Infoblock beginnt erst unterhalb des Feldes für Rücksendeangaben. Bei einem 4,5 cm großen Anschriftfeld hilft man sich mit einer Leerzeile.

Die Tabelle richtet sich nach der Länge des Infoblockes. Damit das Anschriftfeld in der vorgeschriebenen Größe bestehen bleibt, empfiehlt sich, darunter eine weitere Tabellenzelle in erforderlicher Höhe einzurichten.

Jade OHG, Moritzgasse 4, 87459 Pfronten
Prüvo GmbH
Herrn Kies
Münchener Straße 7 – 11
52062 Aachen

Die Angaben zum Sachbearbeiter nicht vergessen!

| | |
|---|---|
| Ihr Zeichen: | ek-kk |
| Ihre Nachricht: | 20xx-01-15 |
| Unser Zeichen: | urb |
| Unsere Nachricht: | |
| Name: | Frau Urbanus |
| Telefondurchwahl: | 475 |
| E-Mail: | urbanus@jadeohg.de |
| Datum: | 20xx-01-16 |

Prüvo GmbH, Münchener Straße 7 – 11, 52062 Aachen
Jade OHG
Frau Urbanus
Moritzgasse 4
87459 Pfronten

Die Angaben zum Sachbearbeiter nicht vergessen!

Ihr Zeichen: urb
Ihre Nachricht vom: 20xx-01-16
Unser Zeichen: : ek-kk
Unsere Nachricht vom: 20xx-01-15

Name: Kurt Kies
Telefon: 0241 5869-330
Telefax: 0241 5869-444
E-Mail: kies-einkauf@pruevo-gmbh.de
Internet: www.pruevo-gmbh.de

Datum: 20xx-01-17

Für den Infoblock sind unterschiedliche Formatierungen möglich.

Leitwörter können den betrieblichen Erfordernissen angepasst, geändert oder gelöscht werden. Es können unterschiedliche Schriftgrößen verwendet werden. Grundsätzlich sind die im Brief benutzte Schriftart und -größe zu verwenden. Für längere Eintragungen, z. B. bei der E-Mail-Adresse, kann auch eine kleine Schriftart verwendet werden, mindestens jedoch Schriftgröße 8.

Die Angaben zu den Leitwörtern erfolgen in einem nicht gestalteten Infoblock mit einem Leerzeichen. In einem gestalteten Infoblock werden die Bezugszeichen an einer neuen Fluchtlinie eingetragen.

Die Zeichen in der Rubrik „Unser Zeichen/Unsere Nachricht (vom)" können aus Klein- und/oder Großbuchstaben bestehen. Auch Aktennummern etc. sind möglich.

## Lösung zur Bezugszeichenzeile

| Ihr Zeichen, Ihre Nachricht vom | Unser Zeichen, unsere Nachricht vom | Telefon, Name<br>0241 5869- | Datum |
|---|---|---|---|
| | ek-kk | 330, Kurt Kies | 20xx-01-15 |
| **Ihr Zeichen, Ihre Nachricht vom** | **Unser Zeichen, unsere Nachricht vom** | **Telefon, Name<br>02823 6789-** | **Datum** |
| ek-kk, 20xx-01-15 | urb | 475, Frau Urbanus | 20xx-01-16 |
| **Ihr Zeichen, Ihre Nachricht vom** | **Unser Zeichen, unsere Nachricht vom** | **Telefon, Name<br>02821 12345-** | **Datum** |
| urb, 20xx-01-16 | ek-kk, 20xx-01-15 | 330, Kurt Kies | 20xx-01-17 |

„Ihr Zeichen, Ihre Nachricht vom“ und „Unser Zeichen, unsere Nachricht vom“ wird als Leitgruppe verstanden. Bezugszeichen und Datum werden mit einem Komma getrennt. Das Komma kann auch entfallen. Werden keine Diktatzeichen angegeben, beginnt das Datum unter dem ersten Buchstaben der Leitwortgruppe.

Müssen keine Angaben eingetragen werden, bleibt der Schreibraum unter der Leitwortgruppe frei. Es werden keine Entwertungsstriche gesetzt.

## Aufgabe 3

„Mit freundlichen Grüßen“ oder „Hochachtungsvoll“ gehören in der kaufmännischen Korrespondenz der Vergangenheit an. Auf das „Mit“ wird verzichtet und die Hochachtung wirkt in Geschäftsbriefen aristokratisch. Üblich sind „Freundliche Grüße“, „Freundlichen Gruß“, „Viele Grüße“ (besonders in E-Mails) etc.

Wir danken Ihnen sehr.
¶
Freundliche Grüße
¶
Prüvo GmbH

---

Wir danken Ihnen sehr.
¶
Freundliche Grüße
¶
Prüvo GmbH
¶
¶
¶
Kurt Kies

Der Unterschriftsraum umfasst i. d. R. drei Leerzeilen.

---

Wir danken Ihnen sehr.
¶
Freundliche Grüße
¶
Prüvo GmbH
¶
¶
¶
Eisenglanz Kies

Der Erstunterzeichnende ist der Ranghöhere.

---

Wir danken Ihnen sehr.
¶
Freundliche Grüße
¶
Prüvo GmbH
¶
¶
¶
ppa. Ludger Leberkies Lambert Lapis

Weitere Zusätze, die vor dem Namen stehen, können sein: i. A., i. V.

Wir danken Ihnen sehr.
¶
Freundliche Grüße
¶
Prüvo GmbH
¶
ppa.
¶
Leberkies                    Lapis

---

Wir danken Ihnen sehr.
¶
Freundliche Grüße
¶
Prüvo GmbH
¶
¶
¶
ppa. Leberkies                    i.·A. Lapis

Oder die Zusätze stehen im Unterschriftsraum vor der handschriftlichen Unterschrift.

---

Wir danken Ihnen sehr.
¶
Freundliche Grüße
¶
Prüvo GmbH
¶
¶
¶
Lapis
¶
2 Anlagen

Die Ziffer 2 kann auch entfallen. Es reicht auch aus, nur Anlage (Singular) zu schreiben.

---

Wir danken Ihnen sehr.
¶
Freundliche Grüße
¶
Prüvo GmbH
¶
¶
¶
Lapis
¶
Anlagen
1 Prospekt
1 Entwurf

---

Wir danken Ihnen sehr.
¶
Freundliche Grüße
¶
Prüvo GmbH
¶
¶
¶
Lapis
¶
**Anlagen**
1 Prospekt
1 Entwurf
¶
**Verteiler**
Herrn Roth

Anlagen- und Verteilervermerke dürfen durch Fettschrift hervorgehoben werden.

# Bildquellenverzeichnis

**Bildungsverlag EINS GmbH, Köln:** S. 7, 13, 18, 29, 42, 49.1-2, 54.1-3, 56, 69, 75, 81, 93, 98, 102

**Fotolia Deutschland GmbH, Berlin:** S. 94.1, 94.3, 94.5, 94.7 (Cpro), 94.2, 94.4, 94.6, 94.8 (Yuri Arcurs)

**Umschlagfoto:** Fotolia Deutschland GmbH, Berlin (Paulista, contrastwerkstatt)

# Sachwortverzeichnis





# Abkürzungsverzeichnis

| | |
|---|---|
| AB | Anfangsbestand |
| Abt | Abteilungen |
| EB | Endbestand |
| EK | Einkaufspreis |
| EK Volumen | Einkaufsvolumen |
| FT | Fehltag |
| KM | Krankmeldung |
| ME | Monatsendbestand |
| Q | Quartal |
| V-Gutschein | Verzehrgutschein |
| WE | Wareneinsatz |
| Wtag | Wochentag |